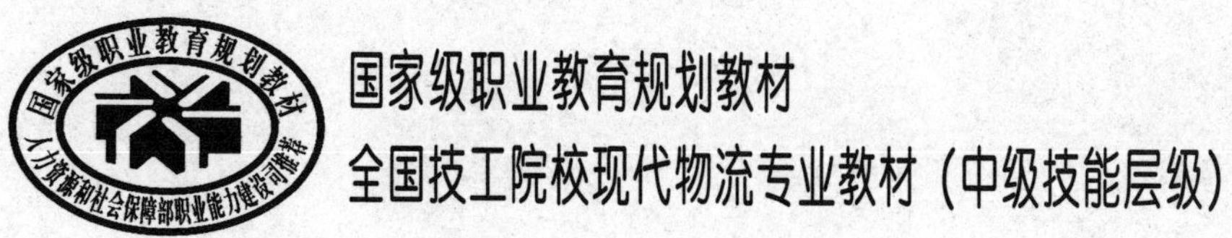

国家级职业教育规划教材

全国技工院校现代物流专业教材（中级技能层级）

仓储基础知识与技能

（第三版）

人力资源社会保障部教材办公室组织编写

郎德琴　主编

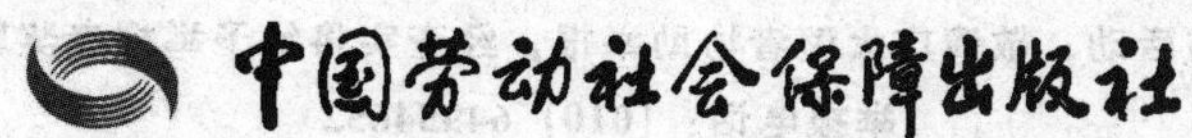

简　介

本书根据技工院校现代物流专业的教学实际编写，主要内容包括仓储基础知识、入库作业、在库作业和出库作业等。本书采用“任务驱动”编写思路，结合多个有代表性的仓储业务操作任务，对相关知识与技能进行了深入细致的介绍。

本书由郎德琴任主编。

图书在版编目(CIP)数据

仓储基础知识与技能/郎德琴主编. --3版. --北京：中国劳动社会保障出版社，2019
全国技工院校现代物流专业教材. 中级技能层级
ISBN 978-7-5167-4080-4

Ⅰ.①仓…　Ⅱ.①郎…　Ⅲ.①仓库管理-中等专业学校-教材　Ⅳ.①F253.4

中国版本图书馆CIP数据核字(2019)第136278号

中国劳动社会保障出版社出版发行
（北京市惠新东街1号　邮政编码：100029）

*

北京市艺辉印刷有限公司印刷装订　新华书店经销
787毫米×1092毫米　16开本　10印张　189千字
2019年7月第3版　2022年6月第3次印刷
定价：19.00元

读者服务部电话：（010）64929211/84209101/64921644
营销中心电话：（010）64962347
出版社网址：http://www.class.com.cn
http://jg.class.com.cn

前言

全国中等职业技术学校物流专业教材出版于2006年，并于2013年进行了首次修订和补充。近年来，随着经济的发展和技术的更新，物流行业已经进入新的发展阶段，物流企业对从业人员的知识水平和职业能力提出了更高的要求。为了适应这些变化，培养更加符合物流企业需求的中级技能人才，我们组织了一批教学经验丰富、实践能力强的一线教师和行业、企业专家，在充分调研的基础上，对现有教材进行了新一轮修订和补充。

本次修订和补充的教材包括《现代物流基础（第二版）》《物流设施设备（第三版）》《物流成本管理基础（第三版）》《商品检验与包装（第三版）》《采购基础知识与技巧（第三版）》《物流运输基础与实务（第三版）》《仓储基础知识与技能（第三版）》《配送基础知识与实务（第二版）》《物流信息技术（第二版）》《物流客户服务》《货物养护作业实务》和《叉车作业实务》。

本次教材修订和补充工作的重点主要体现在以下几个方面：

第一，突出教材的实用性。本着“学以致用”的原则，新版教材的结构和内容根据物流企业的工作实际进行了调整和更新，对操作性较强的课程，教材在编写中采用任务驱动或理实一体化的模式，突出对学生实际操作能力的培养。

第二，突出教材的先进性。新版教材根据物流行业的现状和发展趋势，尽可能多地体现新知识、新技术、新方法、新设备，以期缩短学校教育与企业岗位需求的距离，同时，严格执行国家最新技术标准。

第三，突出教材的易用性。新版教材充分考虑学生的认知规律，注重利用图表、实物照片和案例辅助讲解知识点和技能点，部分教材还配有操作视频，学生扫描相应二维码即可观看，为学生营造生动、直观的学习环境，激发学生的学习兴趣。同时，新版教材还配有电子课件，便于教师开展教学工作，提高教学效率。

本套教材的编写得到了有关省市教育部门、人力资源社会保障部门和一批职业院校的大力支持，教材编审人员做了大量的工作，在此，我们表示诚挚的谢意！同时，恳切希望广大读者对教材提出宝贵的意见和建议。

人力资源社会保障部教材办公室

目　录

项目一 仓储基础认知

仓储是现代物流不可缺少的重要环节，它与运输被视为物流活动的两大支柱，运输改变“物”的空间状态，而仓储改变“物”的时间状态。除了运输活动，其他物流活动大多是在仓库内完成的，仓库是物流活动的重要物质载体，也是仓储的主要工作场所。

一、仓储概述

1. 仓储的概念

“仓”即仓库，为存放、保管、储存物品的建筑物和场地的总称，如房屋建筑、洞穴、大型容器或特定的场地等，具有存放和保护物品的功能。“储”即储存、储备，表示收存以备使用，具有收存、保管、交付使用的意思。仓储即利用仓库及相关设施设备进行物品的入库、储存、出库等作业。

2. 仓储的功能

仓储是保证物流过程正常运转的基础环节之一，其功能主要体现在基本功能、增值功能及社会功能三个方面。

（1）基本功能

仓储的基本功能是指仓储所具有的可以满足市场基本储存需求的功能，包括储存、保管、拼装、分类等功能。其中，储存和保管是仓储最基础的功能。利用仓储的基本功能，货物可以得到有效的、符合市场和客户需求的仓储处理。

（2）增值功能

仓储的增值功能是指仓储所具有的通过提供高质量作业和服务，使经营方或供需方获取除基本利益之外的利益的功能，这个过程称为附加增值。典型的仓储增值功能有以下几种：

1）提供现货交易场所和交易中介服务。

2）提供再包装等流通加工服务。

3）开展仓单质押监管业务。仓单质押贷款是指银行与借款人（出质人）、保管人（仓储公司）签订合作协议，以保管人签发的借款人自有或第三方持有的存货仓单作为质押物向借款人办理贷款的信贷业务。

4）提供配送、货运代理型增值服务。仓储企业可以根据客户的订货需求提供运输和配送服务，还可以开展订舱、租船、包机、包舱、托运、集装箱拼装拆箱、报关、报验、退货处理等增值服务。

5）提供信息型增值服务。如向供应商下订单，接受客户的订单，提供库存数据和财务报告；利用数据的积累和整理对客户的需求进行预测，提供咨询支持；运用网络技术向客户提供在线数据查询和在线帮助服务。

（3）社会功能

1）时间调整功能。一般情况下，生产与消费之间会产生时间差，仓储可以调整这种时间差。

2）价格调整功能。生产和消费之间会产生价格差，供过于求、供不应求都会对价格产生影响。而仓储可以克服货物产销量的不平衡，达到调控价格的效果。

3）衔接商品流通功能。仓储是商品流通的必要条件，要保证商品流通过程连续进行，就必须有仓储活动。仓储可以防范突发事件，保证商品顺利流通。

3. 仓储的类型

根据不同的分类标准，仓储可划分为不同的类型。仓储的分类标准及类型如图1—1所示。

（1）按仓储功能分类

按仓储功能划分的仓储类型及其特点见表1—1。

表1—1　　按仓储功能划分的仓储类型及其特点

类型	描述	特点
存储中心型仓储	以储存为主，分拣、配送功能较弱	货品存放时间长，储存费用低，储存的货品品种单一，数量大，特别注重保证货品质量
配送中心型仓储	货品在配送交付消费者前所进行的短期仓储	储存的货品品种多、批量小，通常要进行拆包、分拣、组配等作业，注重对货品存量的控制
物流中心型仓储	从事物流活动，面向社会服务，物流功能健全	有完善的信息网络，辐射范围大，适合少品种、大批量货品，存储能力强
运输转换型仓储	用于衔接不同运输方式，在不同运输方式的衔接处（如港口、车站等）进行	具有大进大出的特性，货品存期短，注重货品的周转作业效率和周转率
保税仓储	使用海关核准的保税仓库存放保税货品	受海关的直接监控，所储存的货品由存货人委托保管，但保管人要对海关负责，入库或出库单据均需由海关签署

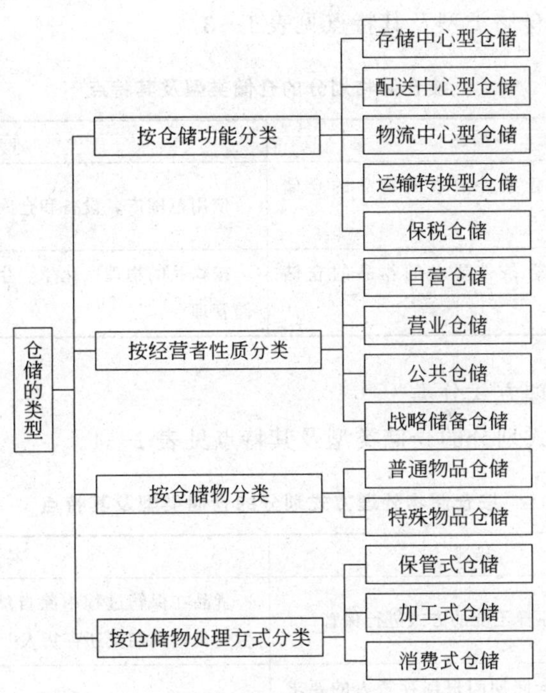

图 1—1　仓储的分类标准及类型

（2）按经营者性质分类

按经营者性质划分的仓储类型及其特点见表 1—2。

表 1—2　　按经营者性质划分的仓储类型及其特点

类型	描述	特点
自营仓储	为企业自身的产品生产或商品经营活动服务，主要包括生产型企业仓储和流通型企业仓储	规模小，数量多，专用性强，长期仓储成本低；仓储专业化程度低，设施简单，企业部分资金被长期占用
营业仓储	仓储经营者以其拥有的仓储设施向社会提供仓储服务，仓储经营者与存货者通过合同方式建立关系	使用效率和专业化程度较高；有利于存货者有效利用有限资源，专注核心业务，但存货者失去了对物流活动的直接控制权
公共仓储	为车站、码头提供仓储配套服务，对存货者而言，具有营业仓储的性质，不单独订立仓储合同，存储费包含在运费中	保证车站、码头等处的货品作业和运输，具有内部服务的性质，处于从属地位
战略储备仓储	国家根据国防安全、社会稳定的需要，对战略物资进行储备	注重安全性，储备时间较长，所储备物资主要有粮食、油料、有色金属等

（3）按仓储物分类

按仓储物划分的仓储类型及其特点见表1—3。

表1—3　按仓储物划分的仓储类型及其特点

类型	描述	特点
普通物品仓储	无特殊保管条件要求的物品的仓储方式	使用范围广，设备和仓库建造相对简单
特殊物品仓储	有特殊保管条件要求的物品的仓储方式	按物品的物理、化学、生物特性进行仓库建设和仓储管理

（4）按仓储物处理方式分类

按仓储物处理方式划分的仓储类型及其特点见表1—4。

表1—4　按仓储物处理方式划分的仓储类型及其特点

类型	描述	特点
保管式仓储	以保管物原样不变的方式进行保管	货品在保管过程中除自然损耗外，数量、质量不发生变化，到期交还存货人
加工式仓储	保管人在仓储期间根据存货人的要求对仓储物进行一定的加工	仓储物发生存货委托方所希望的变化
消费式仓储	保管人在接受保管物时，同时接受保管物在保管期内的所有权，仓储期满，将相同种类、品质、数量的替代物交还给委托人	适合保管期较短（如农产品）、市场供应（价格）变化较大的货品的长期存放

二、仓库

1. 仓库的概念

仓库是保管、储存物品的建筑物和场所的总称。现代仓库更多地考虑经营上的收益，在运输周转、储存方式和建筑设施上都重视通道的合理布置，强调货品的合理分布和堆积的最大高度，并配置经济有效的机械化、自动化存取设备，同时借助信息管理系统提高储存能力和工作效率。

2. 仓库的布局

仓库布局是指在一定区域或库区内，对仓库的数量、规模、地理位置、设施和道路等各要素进行科学规划和整体设计。仓库合理布局是开展仓库管理和储存业务的客观需要，仓库布局合理与否直接影响仓库各项工作的效率和储存货品的安全。

(1) 仓库总平面布置

仓库总平面布置是指在规定的范围内对一个仓库的各个组成部分（如库房、货棚、货场、辅助建筑物、铁路专用线、库内通路、附属固定设备等）进行平面和立体的全面合理安排。仓库总平面布置示意图如图 1—2 所示。仓库总平面布置不仅包括库区的划分和建筑物平面位置的确定，还包括运输路线的组织与布置、库区安全防护，以及绿化和环境保护等内容。

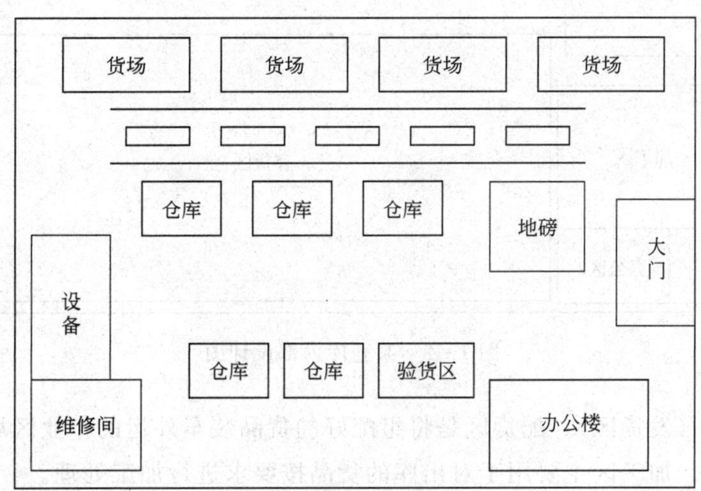

图 1—2 仓库总平面布置示意图

(2) 仓库内部设计

仓库经营是否成功，与仓库内部设计有很大关系。仓库内部设计合理化是加快资金周转、节约装卸搬运费用、降低成本、提高经济效益的有效途径。图 1—3 为某仓库内部设计图。仓库内部常划分为如下几个区域：

1）入库暂存区。入库暂存区用来暂时存放准备入库的货品，货品在这里等待验收，验收后就正式送入存货区进行储存。货品进入仓库前，工作人员应先填写入库凭证，然后用叉车等搬运车辆将货品运入入库暂存区。

2）存货区。存货区用于分类储存验收后的货品并配置各种设备。由于货品需要在这个区域内停留一段时间，并要占据一定位置，因此相对而言，存货区所占的面积比较大，它是仓库的主体部分。

3）配装区。配装区是放置和处理已分拣出来且配备好，但还不能立即发送的货品的场所。在配装区内，工作人员根据货品的数量、种类进行分放、配载，并确定单独装运还是混载同运。

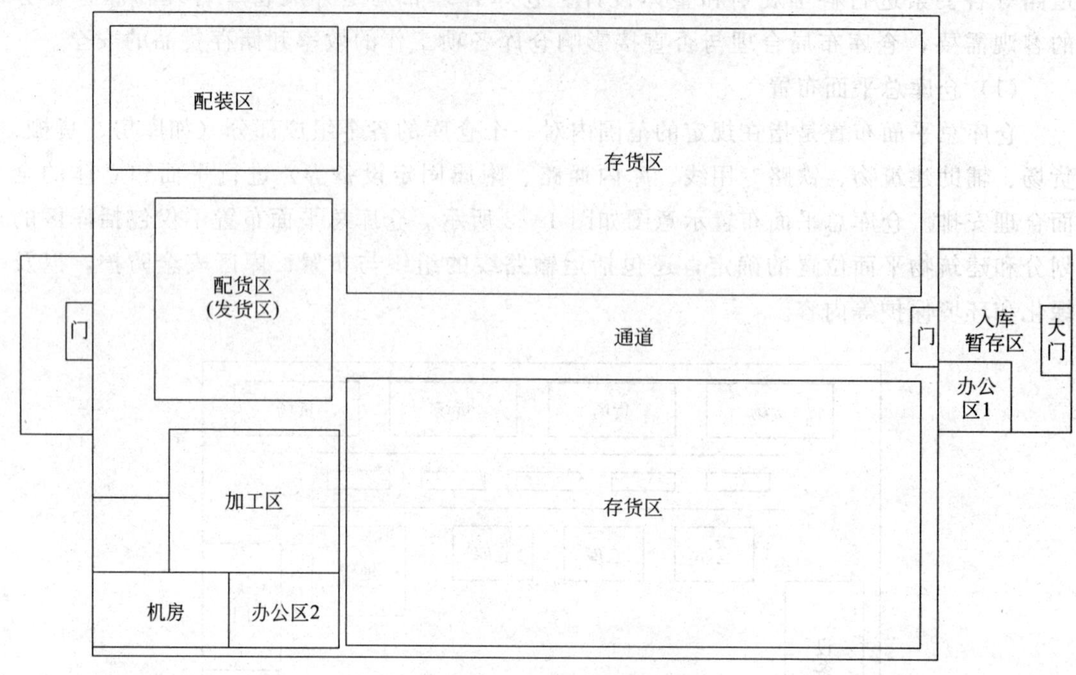

图 1—3　某仓库内部设计图

4）配货区（发货区）。配货区是将组配好的货品装车外运的作业区域。

5）加工区。加工区主要用于对出库的货品按要求进行加工处理。

6）办公区。办公区建有办公室和休息室，工作人员可在办公区监控货品进出动态和处理货品订单等。办公区可分为两个：办公区 1 用于对入库暂存区货品进行管理；办公区 2 用于对存货区、配货区、加工区、配装区的业务活动，以及货品出库进行管理。

3. 仓库主要岗位设置及岗位职责

仓库主要岗位设置及岗位职责见表 1—5。此外，还可根据仓库具体情况设置保管员、信息员、记账员、收费员、业务受理员、搬运员、门卫等岗位。

表 1—5　　仓库的岗位设置及岗位职责

岗位设置	岗位职责
仓库主管	按照标准规范仓储各职能的作业流程并进行现场操作管理 确保货品进、出、存数量的准确性，并进行成本控制 负责仓库的安全、卫生工作及相关设备的维护保养 督导工作人员熟悉和掌握仓库内所有货品的特点及岗位要求

续表

岗位设置	岗位职责
仓库管理员	负责对货品的清点、统计工作 登记进、出、存账 负责货品的在库管理和安全保管工作 确保库区内外货品存放场地的卫生整洁，并做好各个区域的划分和整理工作 做好货品出入库作业现场的指挥组织工作 负责货品分货和打包，协助操作人员收发货 负责理货、拣货、分装货品
理货员	做好货品数量、包装质量验收登记工作，做好货品体积、重量测定工作 及时报告和正确处理理货过程中发生的意外事件
仓储业务员	负责业务拓展和客户开发，维护与客户合作关系 保持与客户的日常沟通，及时、准确反映客户服务情况

4. 仓库安全管理

(1) 仓库作业安全管理

仓库作业安全管理主要是指对仓库日常入库、储存、包装、装卸、移库和出库等操作的安全事项进行管理，制定落实各种安全作业管理制度，以保证仓库日常业务操作安全有序进行。

1) 人力作业安全基本要求。人力作业安全基本要求主要有以下几点：

① 人力作业仅限于轻负荷的作业。应尽可能采用人力机械作业。人力机械承重也应在限定的范围内，如人力绞车、滑车、拖车、手推车等不超过500kg。

② 只在适合作业的安全环境进行作业。作业前应确保作业人员熟悉作业要求，了解作业环境，清楚危险因素和危险位置。

③ 作业人员应按要求穿戴相应的安全防护用具，使用合适的作业工具，采用安全的作业方法进行作业。不采用自然滑动和滚动等不安全的作业方法。注意相关人员与操作机械的配合，在机械移动作业时相关人员需避开。

④ 合理安排工间休息，每作业2h至少有10min休息时间，每4h有1h休息时间。

⑤ 必须有专人在现场指挥和进行安全指导，严格按照安全规范进行作业指挥。作业人员应避开不稳定货垛的正面、塌陷和物品散落的位置、运行设备的下方等不安全位置；作业设备调整位置时应暂停作业；发现安全隐患时应及时停止作业，消除安全隐患后才能恢复作业。

2) 机械作业安全基本要求。机械作业安全基本要求主要有以下几点：

① 应使用合适的机械、设备进行作业，尽可能采用专用设备或者使用专用工具。如果使用通用设备，必须满足作业需要，并进行必要的防护。

② 所使用的设备应具有良好的工况，特别是设备的承重机件不得有故障，应符合

使用要求。应在设备的许可负荷范围内进行作业，不超负荷运行。危险品作业时还需减半负荷。

③ 设备作业时，要安排专人采用规定的指挥信号，按作业规范进行作业指挥。

④ 车辆装卸时，注意保持安全间距，车辆与堆物距离不小于 2m，与滚动货品距离不得小于 3m。多辆车同时进行装卸时，直线停放的前后车距离不得小于 2m，并排停放的两车侧板距离不得小于 1.5m。车辆装载应固定妥当、绑扎牢固。

⑤ 移动吊车必须在停放稳定后方可作业，叉车不得直接叉运压力容器和未包装货品。移动设备在载货时需控制行驶速度，不得高速行驶。货品超出车辆两侧车厢板的高度不得大于 0.2m，禁止两车共载一物。

⑥ 载货移动设备上不得载人运行，除了连续运转设备（如自动输送线）外，其他设备需停止稳定后方可作业，不得在运行中作业。

（2）仓库消防安全管理

仓库用于集中储存各种类型的货品，一旦发生火灾，将会造成巨大经济损失，因此，做好仓库消防安全管理工作具有极其重要的意义。仓库消防安全管理具体包括以下内容：

1）定期对仓库进行防火安全检查。确认是否存在火灾隐患，当发现火灾隐患时应立即处理并上报，具体检查内容见表 1—6。

表 1—6　　仓库防火安全检查内容

序号	具体内容
1	工作现场、岗位有无火灾隐患
2	安全警示标志是否齐全、醒目
3	作业人员是否了解本岗位的火灾危险性及预防措施
4	作业人员是否能够熟练掌握并实施灭火疏散预案
5	用电设备接地是否正确，接地电阻是否符合标准，测量是否有记录
6	易燃、易爆危险物品的保管、储存及防火措施是否完备
7	电线、插座、开关、电闸等是否正确安装、固定、绝缘
8	是否有漏电过载保护开关，是否无乱拉乱接线路，是否不超负荷用电
9	安全出口、疏散通道是否畅通，应急照明是否完好

2）按照消防管理部门的要求配置消防设备和器材。仓库内应当按照国家有关消防技术规范，将消防设备和器材置于醒目和便于取用的地点，并由专人管理，负责检查、维修、保养、更换和添置，保证完好有效，严禁圈占、埋压和挪用。仓库的消防车道、安全出口、疏散楼梯等消防通道严禁堆放货品。

3）掌握灭火器的使用方法。在发生火灾时，使用灭火器材及时地扑救初起火灾是避免火灾蔓延、扩大和造成更大损失的有力措施。因此，应掌握常用灭火器的正确使用方法，见表 1—7。

表 1—7　　　　　　　　　　　　　　常用灭火器的正确使用方法

类型及图示	使用方法
 清水灭火器	在距燃烧物大约 10m 处，将清水灭火器直立放稳，摘下保险帽，用手掌拍击开启杆顶端的凸头，清水便从喷嘴喷出。当清水从喷嘴喷出时，立即用一只手提起灭火器筒盖上的提圈，另一只手托起灭火器的底圈，将喷射的水流对准燃烧最猛烈处喷射。随着灭火器喷射距离的缩短，操作者应逐渐向燃烧物靠近，使水流始终喷射在燃烧处，直至将火扑灭。在使用过程中应始终使灭火器与地面保持大致垂直状态，不能颠倒或横卧，否则会影响水流的喷出
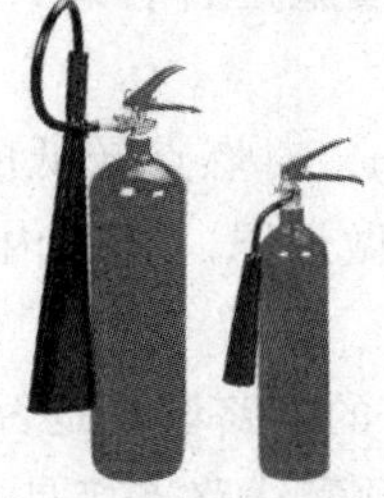 二氧化碳灭火器	将灭火器提到起火地点，放下灭火器，拔出保险销，一只手握住喇叭筒根部的手柄，另一只手紧握启闭阀的压把。对没有喷射软管的二氧化碳灭火器，应把喇叭筒往上扳 70°～90°。使用时，不能直接用手抓住喇叭筒外壁或金属连接管，防止手被冻伤。在室外使用二氧化碳灭火器时，应选择上风方向喷射；在室内狭小空间使用时，灭火后操作者应迅速离开，以防窒息
 干粉灭火器	灭火时，可手提或肩扛灭火器快速前往起火地点，在距燃烧处 5m 左右时放下灭火器。如在室外，应选择在上风方向喷射 使用的干粉灭火器若是贮气瓶式的，操作者应一只手紧握喷枪，另一只手提起贮气瓶上的开启提环。如果贮气瓶是手轮式开启的，则向逆时针方向旋开，并旋到最高位置，随即提起灭火器。当干粉喷出后，迅速对准火焰的根部扫射 使用的干粉灭火器若是贮压式的，操作者应先将开启把上的保险销拔下，然后握住喷射软管前端喷嘴，另一只手将开启压把压下，打开灭火器进行灭火。在使用有喷射软管的灭火器或贮压式灭火器时，一只手应始终压下压把，不能放开，否则会中断喷射
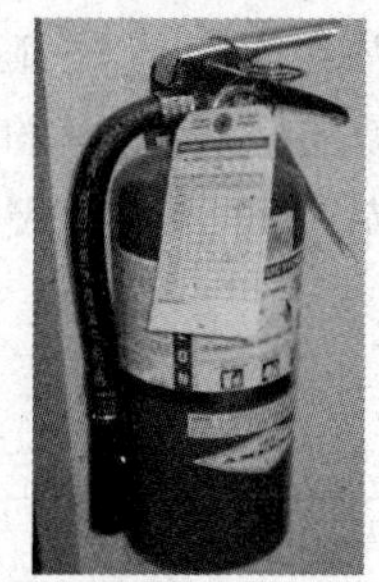 卤代烷灭火器	通过手提或肩扛的方式将灭火器带到起火地点，在距燃烧处 5m 左右时放下灭火器，拔出保险销，一只手握住开启把，另一只手握在喷射软管前端的喷嘴处。如果灭火器无喷射软管，可一只手握住开启压把，另一只手扶住灭火器底部的底圈部分。先将喷嘴对准燃烧处，用力握紧开启压把，使灭火器喷射。灭火器使用时不能颠倒，也不能横卧，否则灭火剂不会喷出。卤代烷灭火剂有一定的毒性，为防止对人体造成伤害，应注意：在室外使用时，应选择在上风方向喷射；在狭小的室内使用时，灭火后操作者应迅速撤离

4）掌握火灾报警的方法。通常情况下，发生火灾后报警与救火应当同时进行。火灾损失的大小与报警早晚有着很大的关系。因此，起火仓库不能只顾救火而忘了报警，或是等灭不了火才报警。报警时应沉着、准确地讲清起火所在地区、街道、门牌号码、燃烧物、火势大小，以及报警人姓名和电话号码。报警后，仓库还应派出人员在路口接应和引导消防车辆进入火场。仓库负责人应主动向消防人员介绍火灾的有关情况，以缩短火情侦察时间，减少火灾造成的损失。

（3）仓库安全用电管理

仓库安全用电管理的重点是要定期检查仓库的线路、灯具、电路、开关以及防静电作业等内容，具体措施包括以下几点：

1）线路检查。库房内敷设的配电线路，需穿金属管或用非燃硬塑料管保护。定期检查插座与线头接口是否牢固，线路更新是否及时，临时线路设施是否合理，保险装置是否有效，电闸箱是否完好等。

2）灯具检查。照明灯具与下方储存货品间距不得小于0.5m。对燃点较低的货品，不准使用碘钨灯和60W以上的灯具高温照明，不准用可燃材料做灯罩。仓库内不能设置移动式照明灯具。定期检查白炽灯和应急灯状态是否良好。

3）电路设置检查。定期检查主电路设置是否合理，作业设备的电路设置是否符合要求，照明设备的电路设置是否合理，风扇的电路设置是否正确，预警线路连接是否正确，备用线路状态是否良好等。制定防雷设施规范，设置防雷装置，并定期检测，保证有效。

4）电闸开关检查。定期检查主闸、区域电闸和单个开关设置是否合理。

5）防静电作业检查。在进行防静电作业前要接受检查。作业时要佩戴防静电腕带。进入工作室时要穿防静电服。易产生静电的地方要粘贴、悬挂防静电标志。车辆点火时要到指定区域进行，车辆作业时要悬挂导地铁链。地面要安装防静电体，作业时要使用非金属材料工具，作业前要消电、消磁等。

（4）仓库治安保卫管理

治安保卫管理是仓库长期性的工作任务，具体措施包括以下几点：

1）加强法制宣传和教育，完善管理制度。经常性、制度化开展法制宣传和教育，对单位内部人员和外部人员（如驻库员、押运员、火车调度员、提送货人员、外来业务人员、临时工及探亲访友人员等）实行严格管理，建立、完善仓库出入库制度和日常安全检查制度。建立完善出入库车辆及人员登记制度。任何需要进入仓库的外来车辆、人员必须在门卫处签字并领取身份铭牌，由门卫登记出入库时间、人数及车辆载货情况等。出入库登记表样式见表1—8。

表1—8　　出入库登记表

<table>
<tr><td>入库人姓名</td><td></td><td>入库时间</td><td></td><td>出库时间</td><td></td></tr>
<tr><td>接待部门</td><td colspan="2"></td><td>接待人员签名</td><td colspan="2"></td></tr>
<tr><td>办理事由</td><td colspan="5"></td></tr>
</table>

携带物品出库者必须持有物品出门条，如图 1—4 所示。

<table>
<tr><td>

物品出门条（存根）

保卫部：

__________同志携带__________物品共计_______件出厂，请准予通行。

经手人：

年　　月　　日
</td></tr>
<tr><td>

物品出门条（交门卫室）

保卫部：

__________同志携带__________物品共计_______件出厂，请准予通行。

经手人：

年　　月　　日
</td></tr>
</table>

图 1—4　物品出门条

门卫要核对出库凭证，检查出库货品与出库凭证是否相符，并做好相应记录。出库货品登记表样式见表 1—9。

表 1—9　　　　**出库货品登记表**

序号	时间	出库凭证号	出库货品	仓库出库货品	检查结果	检查人

2）加强仓库重要部位检查和管理。仓库内部重要部位和存放易燃、易爆、剧毒货品的场所，要指定专人负责并加强检查。仓库管理人员一旦发现货品有任何异常，应当立即组织检查，并做好现场记录，直到查清为止。重要库房应配备电子报警装置，运用现代科技手段确保仓库安全。

3）加强仓库的治安检查。一般大型仓库要执行四级安全检查制度，而中小型仓库也应该执行三级检查制度。凡是安全检查都要做好记录，发现问题和隐患要及时向上级报告，并要认真研究，积极采取措施解决，预防事态扩大或发生事故。

三、常用仓储设备

仓储设备是指完成货品入库、出库和储存作业所需的所有技术装置与机具，即仓库进行生产作业或辅助生产作业，以及保证仓库及作业安全所必需的各种机械设备的总称。根据功能不同，仓储设备主要包括装卸搬运设备、保管设备、计量设备、养护检验设备、消防安全设备、通风照明设备、劳动防护设备等，具体见表 1—10。

表 1—10　　仓储设备的类型

仓储设备类型	说明
装卸搬运设备	用于货品的出入库、库内堆码和翻垛作业，如托盘、周转箱、搬运车、叉车、起重机、堆垛机等
保管设备	用于保护仓储货品质量，如货架、苫垫用品等
计量设备	用于货品进出库时的计量、点数，以及储存期间的盘点、检查等，如地磅、轨道秤、电子秤、电子计数器等
养护检验设备	用于测试、化验货品，以及防止货品变质、失效等，如温度计、测湿仪、除湿机、烘干箱等
消防安全设备	用于仓库火灾险情的预防和处置，如报警器、消防车、手动抽水器、水枪、沙土箱、消防云梯等
通风照明设备	根据货品保管和仓储作业需要而设置的用于通风和照明的设备
劳动防护设备	主要用于确保仓库作业人员作业时的人身安全

常用的仓储设备有以下几种：

1. 货架

在仓储设备中，货架是指用支架、隔板或托架组成的储存货品的立体化设施。它能够提高库容利用率，扩大仓库储存能力，保持货品完整，减少货品损失，有利于提高存取、拣选、计量、清点等作业的效率，便于采取防潮、防尘、防盗、防破坏等措施，保证货品质量。常用货架见表 1—11。

表 1—11　　常用货架

类型	图示	说明
托盘货架		托盘货架沿仓库的宽度方向分成若干排，其间有一条巷道，供堆垛起重机、叉车或其他搬运机械设备运行。每排货架沿仓库纵长方向分为若干列，在垂直方向又分为若干层，从而形成大量货格，货格中用托盘存储货品。每一块托盘均能单独存入或移动，使货品装卸迅速。托盘货架主要适用于品种数适中、批量中等的存储，以及整托盘出入库或手工拣选的场合。托盘货架高度一般在 6m 以下，一般使用 3～5 层

续表

类型	图示	说明
驶入式货架		驶入式货架是一种不以通道分割的、连续性的整栋式货架，在支撑导轨上，托盘按深度方向存放，一个紧接着一个，这使得高密度存储成为可能。存取货品从货架同一侧进出，先存后取，后存先取。驶入式货架适用于存储密度大，存取性差，货品横向尺寸较大、品种较少、数量较多且货品存取模式可预定的情况
驶出式货架		驶出式货架与驶入式货架的不同之处在于驶出式货架是贯通的，没有拉杆封闭，前后均可安排存取通道，可实现先进先出管理
旋转式货架	水平分层旋转式货架 垂直旋转式货架	旋转式货架操作简单，空间利用率很高，存取作业迅速，货品不易丢失，适用于电子元件、精密机械等小批量、多品种小件货品的储存及管理。通过计算机控制，旋转式货架可实现自动存取和自动管理

续表

类型	图示	说明
移动式货架		移动式货架底部安装有运行车轮，可在地面运行，提高仓库面积的利用率，适用于库存品种多、出入库频率较低的仓库。移动式货架不受先进先出的限制，高度可达12m，单位面积的储存量可达托盘货架的2倍左右
悬臂式货架		悬臂式货架适合存储长、大件货品和形状不规则货品，如钢铁、木材、塑料等，其前伸的悬臂具有结构轻巧、载重能力强的特点。悬臂式货架如果增加搁板，特别适合空间小、高度低的库房，一般高在6m以下为宜。其空间利用率低，约为35%～50%
阁楼式货架		阁楼式货架采用木板、花纹板、钢板等材料做楼板，可灵活设计成多层，适用于五金工具、电子器材、机械零配件等货品的小包装散件储存。阁楼式货架可以提高储存高度，增加空间利用率。上层通常仅放轻量货品，如箱、包和散件，下层存放托盘

2. 托盘

托盘是用于集装、堆放、搬运和运输，作为货品和制品单元负荷的水平平台设备。托盘上可以集装一定数量的单件货品，并按要求捆扎加固，组成一个运输单位，便于在运输过程中使用机械进行装卸、搬运和堆存。

（1）常用托盘

常用托盘见表1—12。

表 1—12 常用托盘

类型	图示	说明
平托盘		平托盘由双层板或单层板另加底脚支撑构成，无上层装置，在承载面和支撑面间夹以纵梁，可使用叉车或搬运车等进行作业
箱形托盘		箱形托盘以平托盘为底，上面有箱形装置，四壁围有网眼板或普通板，顶部有盖或无盖，可用于存放形状不规则的货品
柱型托盘		柱式托盘是在平托盘基础上发展起来的，其特点是可在不压货品的情况下进行码垛(一般为四层)。托盘上大多采用可卸式立柱，高度多为 1 200mm 左右。立柱多为钢制，负荷 3t，自重 30kg 左右。柱形托盘多用于包装物料、管材等的集装

常用的托盘根据材质不同分为木塑托盘、木质托盘、塑料托盘、金属托盘等，这些托盘的比较见表 1—13。

表 1—13 不同材质托盘的比较

比较项目	木塑托盘	木质托盘	塑料托盘	金属托盘
每次使用的费用	最低	高	比较低	比较低
结构的稳定性	稳定	不稳定	稳定	稳定
强度	高	一般	一般	高
防潮性	好	差	好	好

续表

比较项目	木塑托盘	木质托盘	塑料托盘	金属托盘
吸水性	无	好	无	无
抗污染性	好	差	好	好
安全性	好	差	好	好
定制尺寸	随意	随意	固定	相对固定

（2）托盘使用注意事项

货品应均匀平整地摆放在托盘上，保证托盘表面均匀受力，每个托盘的载重量应小于或等于 2t。为了运输途中的安全，托盘所载货品的重心高度不应超过托盘宽度的 2/3。

在使用叉车起升货品前，应保证货叉完全进入到托盘内，切勿直接推拉或撞击托盘，且在起升货品时保证货叉水平。

根据货品的类型、托盘所载货品的重量和托盘的尺寸，合理确定货品在托盘上的码放方式。

木质托盘防水性差，易受潮变形，所以不宜放置于室外，防止被雨水冲刷，从而影响使用寿命。

塑料托盘应码放整齐，防止机械损伤，避免阳光暴晒引起塑料老化，缩短使用寿命。

金属托盘应注意防潮，以免生锈，同时注意远离腐蚀性的化工原料。

托盘在使用一段时间以后，有可能因各种原因造成损坏，应该及时维修，以延长其使用寿命。工作时切勿站立在托盘上，以免发生危险。

3. 常用搬运车辆

（1）手动搬运车

仓库中的手动搬运车主要包括手推车和手动托盘搬运车，见表 1—14。

表 1—14　　手动搬运车

类型	图示	说明
手推车		手推车是一种以人力为主，在路面水平运送货品的搬运车，其特点是轻巧灵活、易操作、回转半径小，是一种用于短距离运输轻型货品的方便而经济的运输工具

续表

类型	图示	说明
手动托盘搬运车	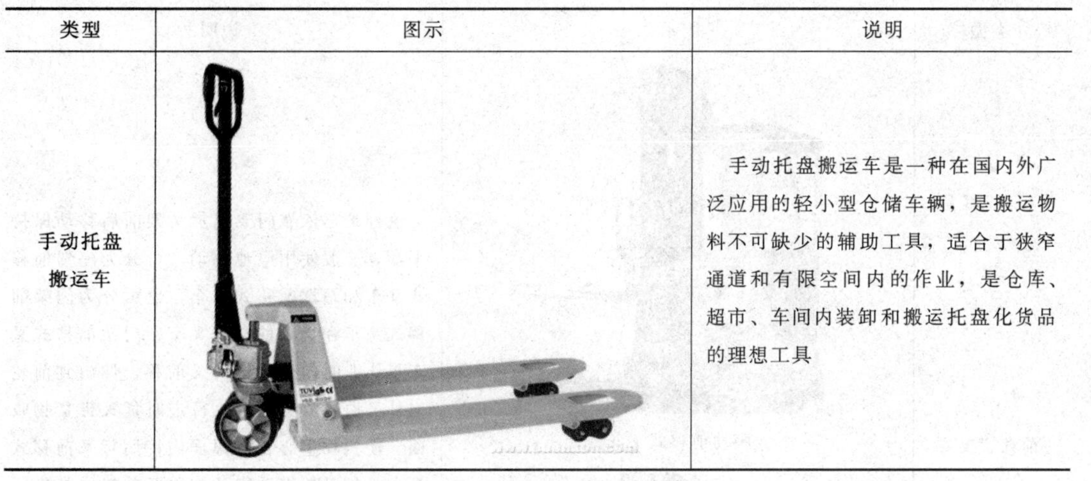	手动托盘搬运车是一种在国内外广泛应用的轻小型仓储车辆，是搬运物料不可缺少的辅助工具，适合于狭窄通道和有限空间内的作业，是仓库、超市、车间内装卸和搬运托盘化货品的理想工具

手动托盘搬运车安全操作规程见表1—15。

表1—15　　手动托盘搬运车安全操作规程

操作项目	操作规程
打压	将控制手柄打到下位，按下方向柄，即可对手动托盘搬运车进行打压。所叉货品重量严禁超过手动托盘搬运车所限重量
拉货	打压使货品离地后，将控制手柄打到中位，即可拖动货品，在拉货时不可奔跑，需缓行
卸压	将货品拉到目的地后，将控制手柄打到上位，对手动托盘搬运车进行卸压，直到货品着地
空车运行	空车运行时应将货叉适当打压升起，以免前轮轴支撑架与地面接触磨损。车辆不工作时，应使货叉处于最低位置

(2) 叉车

叉车是指能够进行升降、移动和装卸作业的搬运车辆。

常用的叉车见表1—16。

表1—16　　常用的叉车

类型	图示	说明
平衡重式叉车		这种叉车依靠车体尾部的平衡重块保持平衡。它的特点是：载重量大，主要用于一般的货架；举升高度低；占用面积大，转向半径大，适用于在空旷位置作业

续表

类型	图示	说明
前移式叉车	 座驾前移式叉车  站驾前移式叉车	这种叉车依靠门架或货叉架前后移动保持平衡，一般使用电池驱动，可分为座驾前移式叉车和站驾前移式叉车，也可分为门架前移式叉车和货叉前移式叉车。门架前移式叉车是作业时门架带动货叉前移，伸出到前轮之外叉取或放下货物，行走时货叉带货物收回，使货物重心在支撑面内；而货叉前移式叉车是货叉架带动货叉前移至前轮之外进行作业，行走时货叉架带动货叉缩回到支撑平面内 这种叉车环保节能、噪声小、起升高、作业空间小，主要用于在狭窄空间内完成搬运和堆垛作业
侧面式叉车		这种叉车的门架、起升机构和货叉位于叉车的中部，可沿横向导轨移动，货叉位于叉车的侧面，侧面有货物平台 它的特点是：在出入库作业中，车体进入通道，货叉面向货架或货垛；在进行装卸作业时不必先转弯后作业。这种叉车适用于窄通道作业和长件货物操作

叉车安全操作规程见表1—17。

表1—17　　叉车安全操作规程

操作项目	操作规程
检查车辆	按规定的项目、标准检查车辆各部分的技术状况是否处于良好状态
起步	起步前，观察四周，确认无妨碍行车安全的障碍后，先鸣笛、后起步。制动液压表必须达到安全指数并系紧安全带后再行驶。叉车在载物起步时，司机应先确认所载货品是否平稳可靠

续表

操作项目	操作规程
行驶	库区内驾驶叉车速度不得超过5km/h，货叉底端距地高度应保持在30～40cm，门架须后倾。进出作业现场或行驶途中，要注意上空有无障碍物。载物行驶时，货叉不准升得太高，以免影响叉车的稳定性。卸货后应先降落货叉至正常的行驶位置后再行驶。转弯或倒车时，必须先鸣笛。驾驶叉车下坡时严禁熄火滑行，严禁在斜坡上转向行驶。叉车在行驶时要遵守库区内的交通规则，必须与其他车辆、物体保持安全距离。通过库区内道路口时，应做到"一慢、二看、三通过"。载物高度不得遮挡司机视线。特殊情况下，载物影响前行视线时，叉车必须倒行。倒车时，司机须先查明周围情况，确认安全后方准倒车。在货场、厂房、仓库、窄路等处倒车时，应有人站在车后的司机一侧指挥
装卸作业	叉载货品时，应调整两货叉间距，使两叉负荷均衡，不得偏斜，货品的一面应贴靠挡物架。禁止单叉作业或用货叉顶、拉货品或设备。严禁超负荷作业。在货品装卸过程中，必须用制动器制动叉车。叉车装卸作业时，禁止人员停留在货叉周围，必要时应在作业区域设置警戒线。禁止用货叉或托盘举升人员从事高处作业，以免发生高空坠落事故。叉车装卸货品时，必须将货品平稳、缓慢放到地面或其他合适位置，严禁长时间用货叉使物品停留在高处。严禁在货叉下面进行检修或其他长时间停留作业
停车及注意事项	离开叉车前必须卸下货品或降下货叉架，禁止货叉上货品悬空时离开叉车。停车时必须拉紧制动手柄，观察发动机是否熄火，断电并及时拔下叉车钥匙。将叉车冲洗擦拭干净，进行日常例行保养后，停放在车库或指定地点

四、自动化立体仓库

1. 自动化立体仓库的概念及特点

（1）自动化立体仓库的概念

自动化立体仓库又称自动化高架仓库或自动存储系统（AS/RS）。它是一种基于高层货架，采用计算机进行控制管理，以自动化存取输送设备进行存取作业的仓储系统。

（2）自动化立体仓库的特点

1）采用高层货架存储，充分利用空间资源。

2）自动存储，提高效率，减少失误。自动化立体仓库的最大特点就是自动化，不仅提高了工作效率，还减少了存储货品中出现的差错，降低了货品破损率。

3）采用计算机控制，具有集约效应。采用先进的自动化设备进行作业，具有集约性，对于提高物流效率，减少交通拥堵，降低碳排放量等有较大帮助。

4）信息集成，方便生产运行。信息集成技术是自动化立体仓库的基础，可为自动化技术的实现提供系统化的数据管理。此外，将自动化立体仓库的信息管理系统与企业信息系统集成一体，可使物流企业生产运行更加便利。常见自动化立体仓库如图1—5所示。

图1—5　自动化立体仓库

2. 自动化立体仓库的分类

（1）按高度分类

自动化立体仓库按高度不同可分为低层仓库、中层仓库和高层仓库，见表1—18。

表1—18　　按高度分类的自动化立体仓库

类型	特点
低层仓库	高度小于5m，一般在原来老仓库的基础上改建而成
中层仓库	高度大于5m而小于15m，对建筑及仓储机械设备的要求不高，造价合理，应用较多
高层仓库	高度大于15m，对建筑及仓储机械设备的要求高，安装难度大，应用较少

（2）按所使用货架构造形式分类

自动化立体仓库还可按所使用货架的构造形式分类，见表1—19。

表1—19　　按所使用货架构造形式分类的自动化立体仓库

类型	特点
单元货格式仓库	将货品放在标准容器中或托盘上存储，出入库以整个单元进行
贯通式仓库	各排货架之间不设巷道，将单体货架合并在一起，使每层同一列的货架互相贯通，形成能一次存放多个货品单元的通道，另一端由出库起重机取货，这样的仓库称为贯通式仓库。根据货品单元在通道内的移动方式不同，贯通式仓库分为重力式货架仓库和穿梭小车式货架仓库

续表

类型	特点
水平旋转货架式仓库	水平旋转货架式仓库本身可在水平面内沿环形路线来回运行。每组货架由若干独立的货柜组成，用一台链式传送机将这些货柜串连起来。每个货柜下方有支撑滚轮，上部有导向滚轮。需要提取货品时，在操作台给出出库指令即可
垂直旋转货架式仓库	垂直旋转货架式仓库与水平旋转货架式仓库相似，只是把水平面内的旋转改为垂直面内的旋转

3. 自动化立体仓库的构成

（1）高层货架

高层货架是用于存储货品的钢结构单元格，可在单元格内存放托盘。

（2）巷道堆垛机

巷道堆垛机是用于自动存取货品的设备，按结构形式不同可分为单立柱和双立柱两种基本形式，按工作方式不同可分为直道、弯道和转移车三种基本形式。

（3）输送系统

输送系统是立体仓库的主要设备，负责将货品输送到堆垛机或从堆垛机移走。常见的输送设备有辊道输送机、链条输送机、升降台、分配车、提升机、皮带机、自动导向运输车（AGV）。

（4）自动控制系统

自动化立体仓库的计算机中心或中心控制室接收到出库或入库信息后，由管理人员通过计算机发出出入库指令，巷道堆垛机、自动分拣机及输送系统按指令启动，共同完成出入库作业。

思考练习题

1. 仓库的主要功能有哪些？

2. 按经营主体性质不同，仓库可以划分为哪些类型？

3. 仓库内部需要设计出哪些功能区域？

4. 仓库的主要岗位及岗位职责是什么？

5. 仓库安全管理的主要内容包括哪些？

6. 仓库消防安全管理的主要措施有哪些？

7. 常用的货架有哪几种，存放长、大件货品和不规则货品时应选择哪种类型的货架？

8. 哪种材质的托盘承重能力强、结构牢靠、不易损坏？

9. 简述叉车的安全操作规程。

10. 对本地区的一家大型仓库进行调研，并了解以下问题：

（1）该仓库的功能主要有哪些？

（2）该仓库属于什么类型的仓库？

（3）观察该仓库的结构布局，并与本教材中介绍的结构布局进行比较，说出其优点与不足。

（4）该仓库设置的岗位有哪些？各岗位职责是什么？

11. 根据学校实训设备配备情况，利用手动托盘搬运车叉取地点 A 处的托盘，按照指定路线运到指定地点 B 处。

项目二 入库作业

入库作业是仓储业务的第一个阶段，它是指仓储部门按照客户需求，根据货品入库凭证，合理计划和组织人力、物力等资源，按照入库作业程序，认真履行入库作业各环节的职责，及时完成入库任务的工作过程。入库作业是仓储业务的开始，对整个仓储管理过程都起着至关重要的作用。

货品入库必须有存货单位的正式入库凭证（入库单或入库通知书），没有凭证的货品不能入库。存货单位应提前将凭证送交仓库，以便安排货位和开展必要的准备工作。

任务 1 入库准备

任务引入

ABC 物流公司仓储部门刚刚接到一份入库通知单，见表 2—1。

表 2—1 入库通知单

下列货品已经申请入库，请安排接收。 日期：2017 年 9 月 5 日

客户名称	DELL×××店		
联系人	赵××	联系电话	138××××××××
入库货品 1	DELL Vostro 3900-D7938 计算机主机	入库数量	100 件
包装尺寸	541mm×476mm×358mm	毛重/净重（kg）	5/4
入库货品 2	DELL Vostro 3900-D7938 计算机显示器	入库数量	100 件
包装尺寸	513mm×129mm×420mm	毛重/净重（kg）	4/3
入库货品 3		入库数量	
包装尺寸		毛重/净重	
入库时间	限 2017 年 9 月 10 日前完成入库		
出库时间	限 2017 年 10 月 20 日前完成出库		
备注	易碎、怕压、轻拿轻放		

经办人：王× 审批：张×

试根据入库通知单，综合考虑仓储部门实际情况，按照一般入库作业流程，完成入库准备工作。

任务分析

做好入库准备工作，可以保证货品快捷、准确、安全地入库，同时可以避免因突然到货而造成的忙乱入库现象，从而保证入库作业的顺利进行。

接到入库通知单后，需要对入库货品进行分析，根据入库货品特征，做好入库前的准备工作，如入库货品所需的人员、设备、单据、库房、货位等，并且能够根据仓库储位情况分配适宜货位。若有专门需要，还应协助客户完成货品的接运。

相关知识

一、入库作业流程

货品入库作业包括入库前的准备工作、入库过程中的验收工作和入库后的登账工作等环节，不同入库方式的基本作业流程大致相同，如图 2—1 所示。

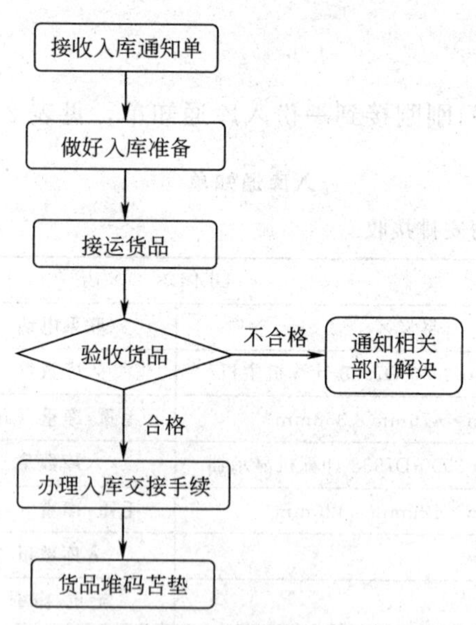

图 2—1 货品入库作业流程

从上述入库作业流程可以清楚地看到，接到入库通知单后，仓储人员首先需要对入库货品进行分析，根据货品特征安排入库的准备工作，如人员、设备、库房等的准备工作。其次，按照入库通知单要求的时间完成货品接运工作。接运后或接运过程中需对货品进行验收。验收合格，办理相关入库手续；验收不合格，通知相关部门解决问题。之后，对验收合格的货品办理入库交接手续，并登记账目、设立货卡，同时整理资料，建立货品档案。最后，对货品进行堆码苫垫，完成入库作业。

二、入库作业原则

1. 及时入库

货品到站后应及时安排入库作业，在最短时间内保质保量地完成整个入库作业，保证货品的安全。

2. 方便作业

尽可能将卸货、验收、上架等作业集中在一个场所操作，使整个入库流程可以高效率地完成。

3. 合理安排

合理安排卸货站点及所需人力、物力等，可以避免无计划入库造成的时间、财力上的损失。

4. 安全操作

整个作业过程中严格按规章制度作业，特别是对入库设施设备的操作应由专业人员完成。

5. 认真记录

应认真核实并记录入库作业中需要填写的各种单据，为入账及查询等工作做好准备。

三、入库准备工作内容

入库准备工作的主要内容如图 2—2 所示。

1. 货品分析

了解入库货品的品种、数量、包装形式、规格、体积、入库时间、出库时间、理化性质与保管要求等，预测车辆到达的时间和送货车型，从而精确、妥善地进行库场安排及准备工作。

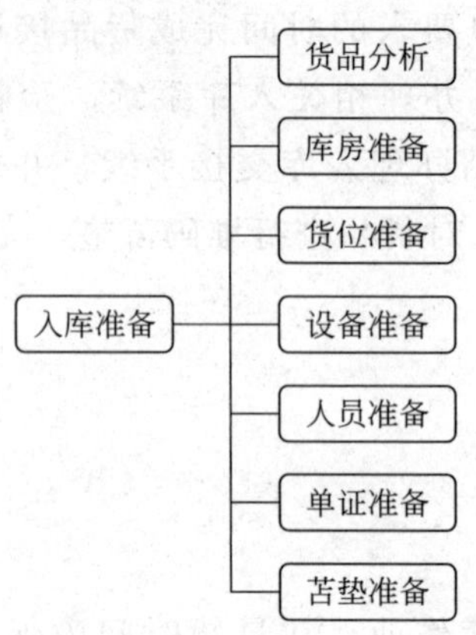

图 2—2 入库准备工作内容

2. 库房准备

根据入库货品的品种、性能、数量、存放时间等，选择一个最适宜的库房。结合货品的堆码要求，进行必要的腾仓、清场、打扫、消毒等库房准备工作。此外，为了方便装卸搬运，应提前划定车辆在库房周边的停放位置。

3. 货位准备

货位是指仓库中实际可用于堆放货品的区域。货位的选择是在货品分区分类的基础上进行的，应遵循确保货品安全、方便吞吐发运、力求节约仓容的原则。根据货品的性质和仓库内货位分配的原则，计算货品所需占用的仓容大小，为货品安排合适的存放位置。

(1) 常见编号形式

仓库中常见的编号形式有以下几种：

1) 仓库内储存场所的编号。仓库内的储存场所一般多为库房、货场、货棚，常按照自左向右或自右向左的顺序分别连续编号。库房的编号一般写在库房的外墙或库门上，货场的编号一般写在货场地面上，货棚编号书写的地方则可根据具体情况而定。所有的编号都应该突出醒目、一目了然。

2) 库房编号。多层库房常采用“三位数编号”“四位数编号”或“五位数编号”，一般用数字或字母表示库房、楼层、仓间、货架及货格。三种编号方法示例如图 2—3 所示。

3) 货位编号。货位布置的方式不同，其编号的方式也不同。货位布置的方式一般有横列式、纵列式、纵横式及倾斜式四种。

三位数编号	1	2	A
指示的位置	1号库	2层楼	A号仓间

四位数编号	C	2	3	4
指示的位置	C库	2层楼	3号仓间	4号货架

五位数编号	1	2	B	4	M
指示的位置	1号库	2层楼	B号仓间	4号货架	M货格

图 2—3　库房编号图示

横列式货位即货位横向摆放，如图 2—4 所示，常采用横向编号。

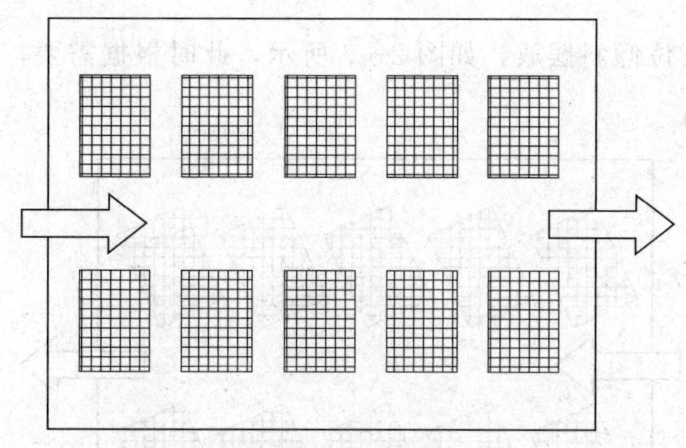

图 2—4　横列式货位

纵列式货位即货位纵向摆放，如图 2—5 所示，常采用纵向编号。

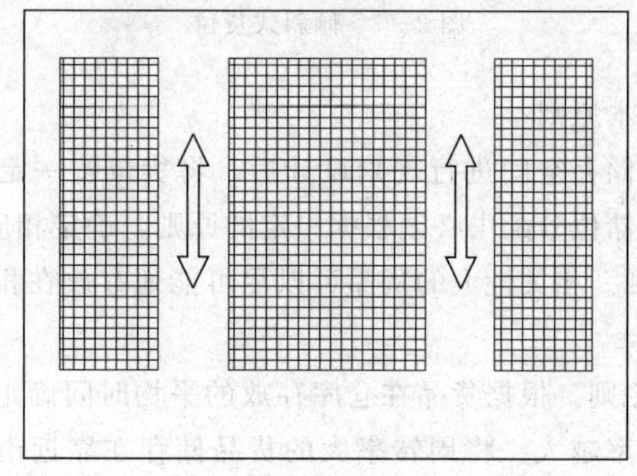

图 2—5　纵列式货位

纵横式货位既有横向摆放又有纵向摆放，如图 2—6 所示，可根据实际情况分别编码，然后根据统一标准先后编号。

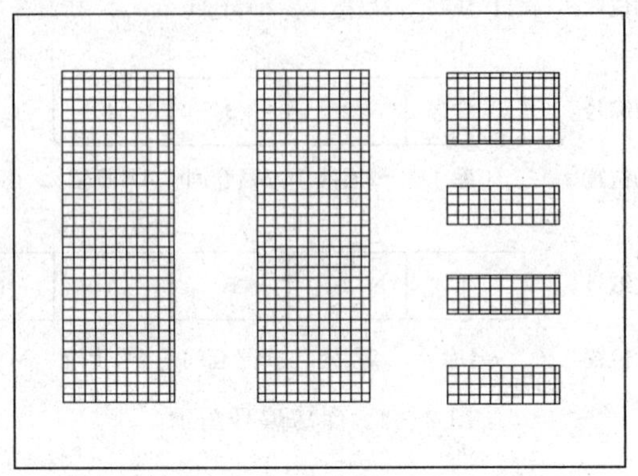

图 2—6 纵横式货位

倾斜式货位即货位倾斜摆放，如图 2—7 所示，此时根据需要，采用横向编号和纵向编号均可。

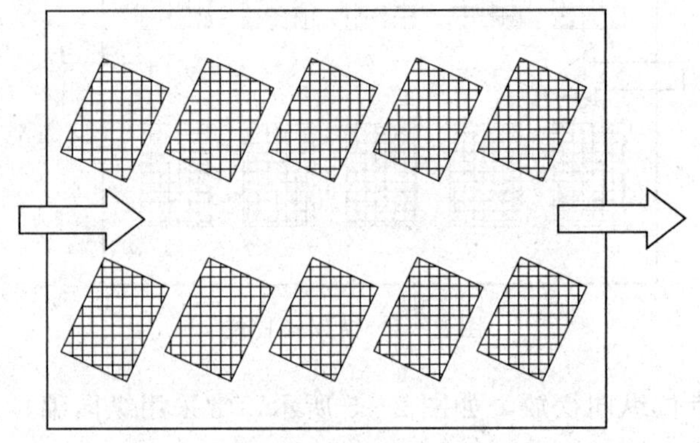

图 2—7 倾斜式货位

（2）储位分配的基本原则

储位分配是指在对储存空间进行规划设计后，将货位按一定的方式和原则进行分配，用于储存货品。在储位分配中必须根据一定的原则，确定相应的实际分配模式。

1）货品相关性原则。相关性大的货品可以尽可能地存放在相邻位置，便于存储和提取。

2）周转率大小性原则。根据货品在仓库存放的平均时间确定其周转率大小，存放的平均时间越短，周转率越大。将周转率大的货品储存在靠近出入口处，周转率小的货品存放在远离出入口处。

3）货品特性原则。以货品特性为基础，将同一种货品储存在同一保管位置，性能类似或互补的货品放在相邻位置。

4）先进先出原则。这是指先入库的货品先安排分拣配送，这一原则对于寿命周期短的货品尤其重要。而对于食品、化学品等易变质的货品，应考虑的原则是“先到期的先出货”，一般在到保质期前2～3个月就必须考虑退货或折价处理。

5）货品体积、重量特性原则。在仓库布局时，必须同时考虑货品体积、形状及重量，以确定货品所需堆码的空间。通常，重量大的货品保管在地面或货架的下层位置。为了保证货架的安全并方便人工搬运，人腰部以下的高度通常宜存放重物或大型货品。同时，服务设施应设在底层楼区。

（3）储位分配的主要方法

不同的货品存放方式对应着不同的储位分配方法，储位分配的主要方法见表2—2。

表2—2　储位分配的主要方法

存放方式	储位分配方法
定位存放	每一类货品都有固定的储位，货品在储存时不可互相串位。在采用这一方法时，特别需要注意每一类货品的储位容量必须大于其可能的最大在库量
随机存放	货品的储存位置是随机指定的，而且可经常改变，即任何货品可以被存放在任何可利用的位置。货品一般是由储存人员按习惯来存放，且通常可按货品入库的时间顺序存放于靠近出入口的储位
分类存放	所有的储存货品按照一定特性加以分类，每一类货品都有固定的存放位置，而同属一类的不同货品又按一定的法则来指派储位
分类随机存放	每一类货品有固定存放位置，但在各类储区内，每个储位的指派是随机的
共同存放	如果确切知道各货品的出入库时间，不同的货品可共用相同储位。这种方式在管理上较复杂，但所占用的储存空间较小，搬运时间较短

4. 设备准备

入库作业过程中如果需要装卸搬运设备，仓库管理员应根据作业性质、作业场合、作业运动形式、作业量，以及货品种类、货品性质、搬运距离等因素进行配置和选择。

5. 人员准备

按照货品数量、到达时间、到达地点、搬运量、检验和堆码要求等，对所需要的人力进行组织安排。预先做好到货接运、装卸搬运、验收、堆码等人力的安排，然后发放人员安排表，通知相关部门。一般情况下，需要安排仓库管理员、接运员、装卸搬运工、设备操作员、验收员、制单员等。

6. 单证准备

仓库管理员应妥善保管货品入库所需的各种报表、单证、记录簿备用，如入库记

录、理货验收单、货卡、残损单等。

7. 苫垫准备

根据货品性质及储存要求，准备相应苫垫材料。苫盖材料主要包括塑料布、席子、帆布、油毡、塑料膜、苫布等。垫垛材料主要包括枕木、方木、石条、废钢轨、货板架、木板、水泥墩、防潮纸（布）及各种塑料垫板等。

四、货品接运方式

货品接运方式主要有本库内接货、他库内提货、车站或码头提货、铁路专用线接货。

1. 本库内接货

这种方式主要适于客户与仓库在同一城市或相邻地区，即不需要长途运输的情况。本库内接货工作流程如图 2—8 所示。

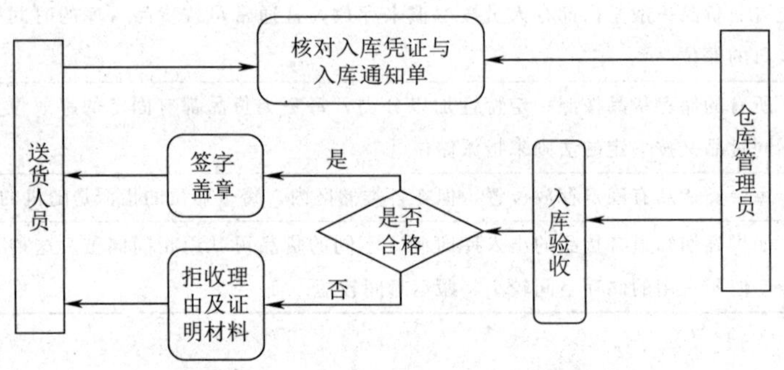

图 2—8　本库内接货工作流程

货品到库后，仓库管理员首先要检查货品入库凭证是否与入库通知单吻合。根据入库凭证显示的货品名称及数量等信息对货品进行验收。验收合格，则与送货人员办理入库手续，在回单上签字并盖章；验收不合格，则在回单上标记拒收理由及证明材料。

2. 他库内提货

这是仓库管理员受客户的委托，直接到供货单位提货的一种货品接运方式。仓库管理员接到入库通知单后，根据客户要求做好提货准备。这种形式的货品接运需要将提货工作与货品初步验收工作一起在提货操作点当场完成。因此，接运人员要按照验收注意事项提货，必要时可带验收人员参与提货。

3. 车站或码头提货

这种方式是由外地托运单位委托相关物流部门将货品送达本埠车站、码头、民用机场或邮局后，仓库管理员根据入库通知单派车提运货品的作业活动。此外，在接受货主的委托，代理完成提货、末端送货活动的情况下也会发生到车站、码头提货的作业活动。这种提货是凭提货单进行的，提货人应根据运单和有关资料认真核对货品的名称、规格、数量、收货单位等。货到库后，接运人员应及时将运单连同提回的货品向保管人员当面清点，然后由双方办理交接手续。这种到货提运形式大都适用于零担托运或到货批量较小的货品。

4. 铁路专用线接货

这种方式是铁路部门将转运的货品直接运送到仓库内部铁路专用线，以实现大批整车到货的接运方式。接货人员收到到货通知后，准备好人力及卸货工具，确定卸车的位置，以缩短场内搬运距离。卸车前要核对车号，并检查货封的完好性、货品名称、箱件数等。对于名称不符、包装不符的货品，应另外堆放，做好标志，会同铁路承运部门进行检查，编制记录。货品卸车完毕，接货人员根据货品的情况填写到货台账，并将台账及其他有关资料与收到的货品一并交给仓库管理人员，办理内部交接手续。

任务实施

一、根据入库通知单分析货品

由表 2—1 可知，入库货品是台式计算机主机及显示器各 100 件，包装状态是纸箱包装，包装规格分别是 541mm×476mm×358mm 和 513mm×129mm×420mm。计算机属于贵重且易碎货品，对装卸搬运及保管要求都较高。

二、根据入库货品准备库房

综合考虑所有库房的内部环境、库存情况、安全设施等因素，选择干燥、通风好且专门用于存储设备的库房作为本次入库工作场所。同时，安排相关人员对库房进行整理、清扫和消毒。

三、根据货品特点及数量分配货位

综合考虑节约仓库容量、方便计算机出入库并保证其安全等因素，把台式计算机放置在安全且低层的货位。安全货位避免计算机在其他货品出入库作业过程中丢失，低层货位方便搬运，可提高 100 套计算机的出入库效率。根据现有库房特点，3 号库房的 1 层楼 B 号仓间 3 号货架和 4 号货架，从 A 货格到 E 货格，每个货格内可以放 10 套计算机，两排货架正好存储 100 套计算机，所分配的货位如图 2—9 所示。

图 2—9 入库计算机分配的货位

四、根据货品特征准备设备

结合计算机包装箱大小、卸车点与货架间距离、库房作业特点等因素，准备 1 辆叉车、2 辆液压搬运车、2 辆杠杆式手推车。

五、根据整个入库流程配备人员及准备单证

配备 1 名仓库管理员、2 名验货员、10 名装卸搬运工、5 名设备操作员、1 名制单员，准备验收单、库房出入库货品记录本、理货单、上架单。

六、根据货品准备所需的苫垫

根据计算机外包装情况及出库时间要求可知，这批货品属于短暂储存，只需准备若干上架前的托盘即可。

七、选择货品接运形式

根据入库通知单内容可知，本次任务是直接通知入库，按照本库内接货方式接运。

技能训练

【训练内容】

根据接到的入库通知单（见表2—3），独立进行入库任务分析并完成入库准备工作。

表2—3　　入库通知单

下列货品已经申请入库，请安排接收。　　　　日期：2017年10月25日

客户名称	×××超市		
联系人	赵××	联系电话	138××××××××
入库货品1	方便面	入库数量	100箱
包装尺寸	200mm×200mm×150mm	毛重/净重（kg）	3/2.5
入库货品2	香肠	入库数量	20箱
包装尺寸	300mm×300mm×200mm	毛重/净重（kg）	4/3.5
入库货品3	饮料	入库数量	50箱
包装尺寸	600mm×400mm×300mm	毛重/净重（kg）	10/9.5
入库时间	限2017年11月20日前完成入库		
出库时间	限2017年12月20日前完成出库		
备注			

经办人：王×　　　　审批：张×

【训练要求】

1. 以3～5人为一个小组，进行入库分析讨论。
2. 根据入库分析完成入库准备。

【训练评价】

入库准备操作技能评价表见表2—4。

表2—4　　入库准备操作技能评价表

姓名		评价结果				
评价项目及分值		评价标准	自我评价	小组评价	教师评价	总评
货品分析（20分）		货品特点把握准确				
库房准备（10分）		库房适合货品储存				
货位准备（20分）		货位合适且便捷				
设备准备（10分）		设备适宜且经济				
人员准备（10分）		人员配备准确且足够				
单证准备（20分）		单证准备齐全				
苫垫准备（10分）		苫垫妥当				

任务 2 入库验收

任务引入

ABC 物流公司仓储部门接到一份入库通知单，内容详情见表 2—1。客户已经将入库货品送至货场，验收员应及时赶往货场并协助仓储员完成验收相关工作。试根据入库通知单，按照验收流程，完成入库验收工作。

任务分析

入库验收工作的主要步骤是：第一，要做好验收准备工作；第二，需要核对货品相关资料，确保货单相符；第三，确定货品验收比例；第四，要对实物进行验收，包括数量、质量和包装三方面的验收；第五，完成货品验收报告。

相关知识

仓库货品的来源复杂、渠道繁多，且包装、运输及装卸搬运等过程中的各种因素都可能给货品的数量和质量带来影响，所以货品进入仓库之前，必须经过检查验收，只有验收合格的货品才能入库保管。

一、入库验收的概念

入库验收是指根据合同、入库凭证或技术标准规定的要求，对货品的品名、数量、规格、包装、质量等方面进行检验查收的一项工作。

入库验收是做好货品保管保养工作的基础，根据验收结果，才能对货品进行下一步入库管理、退换货或索赔的工作。同时，检验后拒绝不合格货品入库，避免了货品的积压和可能造成的经济损失。

二、入库验收的要求

1. 验收工作要及时

到库货品必须在规定的期限内完成验收入库工作。这是因为货品虽然到库，但未经过验收的货品没有入账，不能算作入库。只有及时验收入库，尽快形成检验报告，才能保证货品尽快入库入账，加快货品和资金的周转。同时，货品的托收承付和索赔都有一定的期限，如果验收时发现货品不符合规定要求，要提出退货、换货或赔偿等请求，这一系列的请求均应在规定的期限内提出。

2. 验收内容要准确

以货品入库凭证为依据，准确地查验入库货品的包装、规格、实际数量和质量状况等信息，并通过验收报告准确地反映出来。要做到货、账、卡相符，提高账货相符率，降低收货差错率，提高企业的经济效益。

3. 验收态度要认真

仓库的各方工作人员都要严肃认真地对待货品验收工作。验收工作的好坏直接关系到仓储产业链上各方的利益，也关系到以后各项仓储业务能否顺利开展。因此，仓库领导应高度重视验收工作，直接参与的验收人员要以高度负责的精神来对待这项工作，明确每批货品验收的要求和方法，并严格按照仓库验收入库的业务操作程序办事，最终形成验收报告。

4. 验收过程要经济

多数情况下，货品在验收时不但需要检验设备和验收人员，而且需要装卸搬运机械设备和相应工种工人的配合。这就要求各工种工人密切协作，合理组织调配人员与设备，以节省作业费用。此外，在验收工作中，应尽可能保护原包装，减少或避免破坏性操作，以提高作业经济性。

三、入库验收的工作流程

入库验收的工作流程如图 2—10 所示。

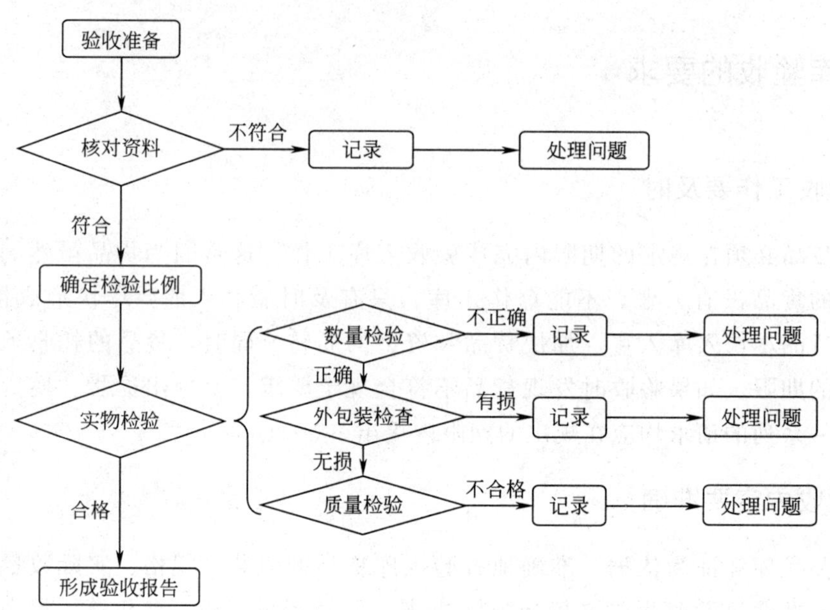

图 2—10 入库验收工作流程

1. 验收准备

仓库管理员接到到货通知后，应根据入库货品的性质和数量提前做好验收前的准备工作。验收准备工作内容见表 2—5。

表 2—5 验收准备工作内容

验收准备工作	具体内容
人员准备	安排好负责质量验收的技术人员或客户单位的专业技术人员，以及配合验收的装卸搬运人员
资料准备	收集并熟悉待验货品的有关文件，如技术标准、入库合同、特殊验收要求材料等
器具准备	准备好验收用的检验工具，如衡器、量具等，并校验其准确度以备使用
货位准备	确定验收入库时的存放货位，并准备相关的堆码、苫垫材料
设备准备	验收大批量货品必须要有装卸搬运设备的配合，应做好设备的申请调用工作
其他准备	验收某些特殊货品，如毒害品、腐蚀品、放射性物品等，还要准备相应的防护用品

2. 核对资料

入库货品相关资料必须包含以下三种材料，并符合相关验收要求：一是入库通知单和入库合同副本，这是仓库接收货品的凭证；二是供货单位提供的材质证明书、装箱单、磅码单、发货明细表等；三是货品承运单位提供的运单。若发现货品在入库前存在残损情况，还要向承运单位索取货运记录，作为向责任方交涉的依据。

核对资料就是将上述资料加以整理，并全面核对。入库通知单、入库合同要与供货单位提供的所有凭证逐一核对，全部相符后才可进行下一步的实物检验。

3. 确定检验比例

（1）全验

在进行数量和外观验收时一般要求全验。在质量验收时，当批量小、规格复杂、包装不整齐或要求严格验收时可以采用全验。全验需要大量的人力、物力和时间，但是可以保证验收的质量。

（2）抽验

在货品批量大、规格和包装整齐、存货单位的信誉较高或验收条件有限的情况下，通常采用抽验的方式。货品质量和储运管理水平的提高及数理统计方法的发展，为抽验方式提供了物质条件和理论依据。

在验收实物的时候，一般情况下不会逐一检验，那样不仅浪费时间，还有可能破坏原有包装。通常在考虑货品性质、货品特点、货口价值、生产技术条件、送货单位信誉、包装情况、运输方式和运输工具、当地气候条件、储存时间等因素的基础上，确定一定的验收比例，合理完成验收工作。

4. 实物检验

实物检验就是根据入库凭证和有关技术资料对实物进行数量、外包装和质量检验。验收货品时主要的检验内容及方式如图 2—11 所示。

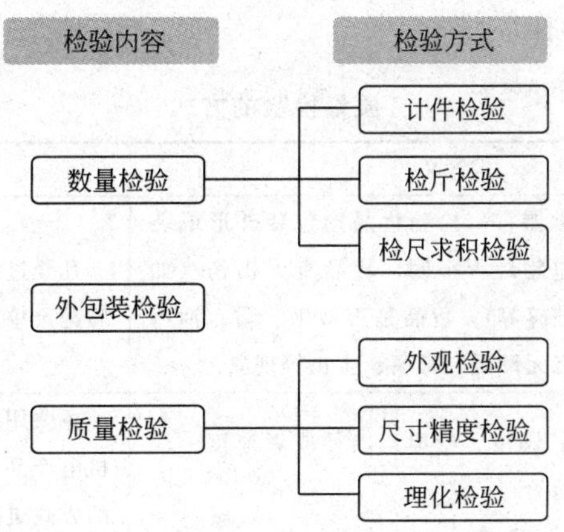

图 2—11　验收货品时主要的检验内容及方式

（1）数量检验

数量检验是保证货品数量准确的重要步骤，一般在质量检验之前，由仓库管理员执行。依据货品性质和包装情况，可将数量检验分为计件检验、检斤检验、检尺求积检验三种方式，见表2—6。

表2—6　数量检验的方式

数量检验方式	含义	备注
计件检验	按件数入库或以件数为计量单位的货品，验收时必须清点件数	国内货品只检查外包装，不拆包检查；进口货品按合同或惯例办理
检斤检验	按重量入库或以重量为计量单位的货品，验收时必须称重	金属材料、某些化工品多半是检斤验收。所有检斤的货品都应填写磅码单
检尺求积检验	对以体积为计量单位的货品，都应进行先检尺后求体积的数量检验	木材、竹材、沙石等一般检尺验收。凡是经过检尺求积检验的货品，都应该填写磅码单

在进行数量检验之前，还应根据货品来源、包装情况或有关部门规定，对到库货品进行抽验或全验。一般情况下数量检验应全验，即按件数入库的全部计件，按重量入库的全部检斤，按理论换算重量入库的全部先检尺，再换算为重量，以实际检验结果的数量为实收数。如果货品管理机构对全验或抽验有统一规定，则可按规定办理。

（2）外包装检查

凡是合同对包装有具体规定的要严格按规定验收，对于包装的干燥程度、破损情况、是否被污染、是否发霉等都要进行检查，一般采用眼睛看、手触摸的方法。

（3）质量检验

质量检验包括外观检验、尺寸精度检验、理化检验三种方式，见表2—7。仓库一般只做外观检验和尺寸精度检验，理化检验如果有必要，则由仓库技术管理部门取样，委托专门检验机构进行操作。

表2—7　质量检验的方式

质量检验方式	含义	备注
外观检验	通过人的感觉器官，检验货品的包装外形或装饰有无缺陷，包装是否牢固，货品有无损伤（如撞击、变形、破碎等），货品是否被雨、雪、油污等污染，货品有无潮湿、霉腐、生虫等现象	凡经过外观检验的货品，都应该填写检验记录单
尺寸精度检验	对货品直径、圆度、壁厚、内径或者厚度、均匀度等进行的检验	主要用于检验金属材料中的型材、部分机电产品和少数建筑材料，一般采用抽验的方式进行
理化检验	对货品内在质量和物理化学性质所进行的检验	一般用于检验进口货品

5. 形成验收报告

仓库管理员根据货品入库单所列内容对实物进行验收后，对货品的型号、规格是否相符，数量是否准确，配套是否齐全，证件及资料是否齐全，质量是否合格等信息，都要做好详细记录，要认真填写入库货品验收报告单（见表2—8）及仓库货品验收记录并做出书面报告，及时向主管部门及存货单位反映，以便查询处理相关问题。

表2—8　　入库货品验收报告单

客户单位名称：　　　　送货单位名称：

接收小组：　　　　日期：　年　月　日

货品名称：			货品规格：	
货品数量：			抽检量/比例：	
序号	分类	检验项目	检验结果	备注
1				
2				
3				
4				
5				

验收员：　　　　审核员：

四、验收中发现问题的处理

在货品入库验收工作中，可能会发现证件不齐、数量短缺、质量不符合要求等问题，应区别不同情况，及时进行妥善处理。

1. 证件不齐的处理

若验收所需的证件不齐全，则到库货品应作为待验货品处理，待证件齐全后再进行验收，若条件允许也可提前验收。

2. 单单不符的处理

单单不符是指供货单位提供的质量证明书等单据与存货单位提供的入库单不符。遇到这种情况应立即通知客户，并按客户提出的办法处理，但应将全部处理经过记录在案，以备查阅。

3. 质量有异的处理

凡货品规格、质量、包装不符合要求或在途中受损变质，均视为质量有异。此时，应先将合格品验收入库，不合格品分开堆放，做出详细记录，并立即通知货主，与发货单位交涉。交涉期间，对不合格品要妥善保管。如货主同意按实际情况验收入库，应让货主在验收记录上签章。验收后，仍应将不合格品单存、单发，并填写入库货品验收报告单。

4. 数量不符的处理

若实际验收数量大于送验数量，或实际验收数量小于送验数量且磅差率小于合同中的磅差率，则以送验数量为验收数量；若实际验收数量少于送验数量并大于合同中的磅差率，经核实后需立即通知货主。在货主未提出处理意见前，该货品不得动用。若供货单位来复磅，验收员应积极配合；若供货单位不来复磅，验收员需提供到货登记表、检斤单、检尺单、运输记录等相关验收证明材料（复印件），并加盖公章。验收过程中如遇严重问题应填写货品异常报告，交货主确认。

5. 有单无货的处理

有单无货是指有关单据已到库，但在规定时间内货品未到的情况。此时，应及时向货主反映，以便查询原因。

6. 错验的处理

验收员在验收过程中发生数量、质量等方面的差错时，应及时通知货主，积极组织力量进行复验，及时更正错误。

任务实施

一、做好入库验收准备

根据表 2—1，入库货品是台式计算机主机及显示器各 100 件，因此需安排验货员两名，并准备验收报告单、台式计算机验收标准、相关合同、量尺。

二、核对入库资料

货品到库后，将入库通知单、合同与送货人员提供的所有凭证逐一核对，特别是计算机型号证明书、装箱单、磅码单、发货明细等要仔细检查，确保一切手续文件齐全并符合要求。

三、确定检验比例

此次入库货品数量较多，且计算机属于贵重货品，如果在验收时破坏原有包装将影响后期储存，因此不适宜随意将包装拆封。根据台式计算机特点及客户需求，可确定一定的比例进行检验。本次检验比例为5%，即对计算机主机及显示器分别拆封5套进行质量检验。

四、进行实物检验

1. 进行数量检验

核对入库资料符合要求后，开始清点数量。台式计算机主机及显示器各100台应该全部逐一清点。清点后确定数量正确。

2. 检查外包装

数量检验准确无误后，对计算机外包装进行检查。确定计算机包装外观无缺陷、牢固，无潮湿或霉腐等现象。外观缺陷可能会影响里面货品的质量，所以每个包装都应该完好无损。同时，用量尺检查包装是否符合入库单所标示的尺寸。经检查，外包装完好且符合单据要求。

3. 进行质量检验

按比例抽取货品后，逐一打开包装进行检验，主要检查货品有无损坏，是否被污染，以及计算机型号是否与入库通知单一致。在条件允许的情况下，打开几台计算机开关，检查计算机能否正常开关机。经抽检，5套计算机均无损坏，符合入库条件。

五、形成入库货品验收报告单

根据入库单所列内容对台式计算机进行验收后，对货品的型号、规格、数量、证件、资料、质量等都做好详细记录，认真填写仓库货品验收单及仓库货品验收记录，并形成入库货品验收报告单，见表2—9。

表 2—9 入库货品验收报告单

客户单位名称：DELL ×××店　　送货单位名称：DELL ×××店

接收小组：ABC 物流公司仓储部门 A 组　　日期：2017 年 9 月 8 日

货品名称：DELL Vostro 3900-D7938 计算机主机及显示器			货品规格：541mm × 476mm × 358mm/513mm×129mm×420mm		
货品数量：100			抽检量/比例：5/5%		
序号	分类	检验项目	检验结果		备注
1	DELL Vostro 3900-D7938 计算机主机	数量	100	合格	
2	DELL Vostro 3900-D7938 计算机显示器	数量	100	合格	
3	DELL Vostro 3900-D7938 计算机主机	损坏及污染情况、型号、运行情况	正常	合格	
4	DELL Vostro 3900-D7938 计算机显示器	损坏及污染情况、型号	正常	合格	
5					

验收员：杨×　　审核员：朱×

技能训练

【训练内容】

首先，根据表 2—3 的入库通知单完成验收准备工作，并准备空白的入库货品验收报告单、量尺和 5 个包装箱。其次，根据到库货品完成入库验收工作，包括核对资料、检验包装、检验数量及质量，并填写入库货品验收报告单，形成验收报告。

【训练要求】

1. 以 3～5 人为一个小组进行验收准备工作，并完成货品验收。

2. 根据验收结果撰写验收报告。

【训练评价】

入库验收操作技能评价表见表 2—10。

表 2—10　　　　　　　　　入库验收操作技能评价表

姓名		评价结果					
评价项目及分值		评价标准		自我评价	小组评价	教师评价	总评
验收内容（20 分）		清楚入库验收主要工作内容					
验收准备（20 分）		准备工作周全					
验收工作（30 分）		验收符合标准					
验收报告（30 分）		报告符合要求					

任务 3　入库手续办理

任务引入

ABC 物流公司的仓储人员与验收人员已经完成了入库货品的验收并形成了验收报告，试根据入库计划，按照入库流程，完成货品入库手续的办理，并对入库过程中的资料进行整理。

任务分析

本任务要求按照入库流程，为货品办理入库手续。根据货品的实际检验及入库情况，填写货品入库凭证，办理入库交接，然后对货品进行登账、设卡以及档案管理，并记录相关凭证，完成仓储系统数据的更新。同时，入库完成后，仓库管理员需要对整个流程中涉及的资料进行整理和汇总，并上报给相关部门记录，从而圆满完成本次货品入库手续。

相关知识

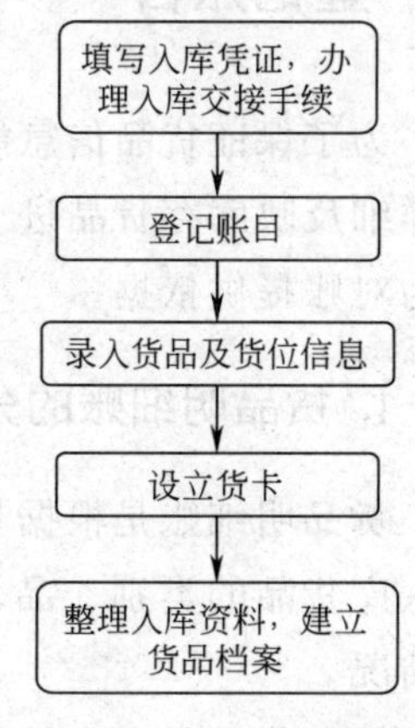

图 2—12　入库手续办理流程

入库手续办理流程如图 2—12 所示。第一，由货品验收人员或仓库管理员在货品入库凭证上盖章签收，表示接收货品，仓库管理员与送货人员办理入库交接手续；第二，登记账目，建立实物明细账，记录库存货品动态；第

三，在仓储系统中录入货品及货位信息，更新在库货品数据；第四，设立货卡，即货品的实物标签，便于日常查看及管理；第五，整理入库资料并建立货品档案，便于后续在库及出库管理。

一、办理入库交接手续

入库交接手续是指仓库管理人员针对收到的货品向送货人员进行确认，并表示已接收货品，其中包括货品的检查核对和事故的分析判定。办理完入库交接手续意味着划清运输、送货部门和仓库的责任。双方认定后，在交库单上签字。仓库一方面给交货单位签发接收入库凭证，并将凭证交给财务人员统计入账、登记；另一方面安排货位，提出保管要求。完整的入库交接手续包括接收入库货品、接收入库文件和签署单证等。入库交接单见表 2—11。

表 2—11　　入库交接单

送货人：　　接收人：　　经办人：　　日期：　　年　　月　　日

收货人	发站	发货人	货品名称	标记	包装（单位）
件数	重量	货品存放处	车牌号	运单号	提货单号
备注					

说明：入库交接单一式三联，一联留作客户提货的凭证，一联交业务部门作为收款依据，一联由仓储部门自留，方便核对及记账。

二、登记账目

为了保证货品信息能够准确反映货品入库、在库及出库情况，仓储部门需要建立能详细反映库存货品进、出和结存的货品明细账目即登账，用以记录库存货品的动态，并为对账提供依据。

1. 货品明细账的分类

货品明细账是根据货品入库验收报告及有关凭证建立的货品保管明细台账，并按照入库货品的类别、品名、规格、批次等分别立账，反映在库储存货品进、出、存动态情况。

按照货品是否有追溯性要求，货品明细账可分为普通实物明细账和库存明细账。仓库管理员应根据货品的保管要求，选择适当的明细账对货品库存情况进行记录。

（1）普通实物明细账

对只需要反映库存动态的货品，因为不涉及货品的批次、来源及去向等信息，所以可直接采用普通实物明细账登记。例如，物流服务型企业库存物料、流通型企业进入流通的货品，以及企业内的工具、备品、备件等，都可采用普通实物明细账登记。常见普通实物明细账见表2—12。

表2—12　普通实物明细账

存货名称：　　存货编号：　　计量单位：

最低/最高存量：　　存放地点：

年		凭证		摘要	收入	发出	结存
月	日	种类	号码				

（2）库存明细账

对有区分批次要求和有追溯性要求的货品，因为需要随批记录货品的批次、来源及去向等信息，所以应当采用库存明细账登记。例如，企业生产所需的零部件、原材料或流通型企业采购的各类货品等，都可采用有可追溯性的库存明细账登记。常见库存明细账见表2—13。

表2—13　库存明细账

存货名称：　　存货编号：　　规格：　　计量单位：　　库区：

年		凭证		摘要	收入		发出		结存		其中（A）			其中（B）			其中（C）		
月	日	种类	号数		批号	数量	批号	数量	批号	数量	批号	数量	库存	批号	数量	库存	批号	数量	库存

2. 货品明细账登记方法和要求

货品明细账登记账目应实事求是，各项记录都真实、准确、及时。

要以正式、合法且准确的凭证（如货品入库单、出库单、领料单等）为依据登记。

要掌握正确的记录方法。按时间顺序连续、完整地填写各项记录，并对账页依次

编号，不能隔行、跳页。在年末结存转入新账后，旧账页应存档保管。

要采用恰当的书写方式。应使用蓝、黑色墨水笔书写，字迹要工整、清晰，数字最好只占空格的 2/3，以便于修改。

当发现记账错误时，不得刮擦、挖补、涂抹或用药水更改字迹，应在错处画一红线表示注销，然后在其上方填上正确的文字或数字，并在更改处加盖更改者的印章，红线画过的原字迹必须仍可辨认。

三、录入货品及货位信息

根据仓储部门内部系统或数据库的需要录入货品及货位相关信息，如货品名称、型号、数量、规格以及送货单位、入库时间、出库时间、存储货位号等信息，便于库存管理及查询，同时有助于仓库管理员统计分析数据。

四、设立货卡

货卡又称料卡、料签或货品验收明细卡，是直接反映某批货品的品名、型号、规格、数量、单位及进出动态等信息的保管卡，由负责保管该货品的人员填制。

1. 货卡的主要内容

货卡的主要内容包括货品的状态（如待检、待处理、不合格、合格等），货品的名称、规格、供应商和批次，以及货品的入库、出库与库存动态等信息。

2. 货卡的分类

货卡按其作用不同可分为货品状态卡和货品保管卡。货品入库堆码完毕后应立即制作货卡，仓库管理员将货品状态卡或货品保管卡插放在货架的支架上或货垛的显著位置，这个过程称为立卡。

货品状态卡的样式如图 2—13 所示。

待 检 品	合 格 品	隔 离 品
供货单位：______	供货单位：______	供货单位：______
图　　号：______	图　　号：______	图　　号：______
货品名称：______	货品名称：______	货品名称：______
进货日期/批号/生产日期： ______	进货日期/批号/生产日期： ______	进货日期/批号/生产日期： ______
标记日期：__年__月__日	标记日期：__年__月__日	标记日期：__年__月__日
标 记 人：______	标 记 人：______	标 记 人：______
备　　注：______	备　　注：______	备　　注：______

图 2—13　货品状态卡

货品保管卡的两种样式分别见表 2—14 和表 2—15。

表 2—14　　　　货品保管卡 1

<table>
<tr><td>货品名称</td><td></td><td>货品编号</td><td></td></tr>
<tr><td>货品规格与型号</td><td></td><td>标准单位</td><td></td></tr>
<tr><td>货品状态</td><td colspan="3">□成品 □半成品 □待检 □待处理 □不合格 □合格</td></tr>
<tr><td>供应商（存储商）</td><td></td><td>库存量</td><td></td></tr>
<tr><td>安全存量</td><td></td><td>仓库管理员</td><td></td></tr>
</table>

表 2—15　　　　货品保管卡 2

<table>
<tr><td rowspan="5">存放位置</td><td>库</td><td>货品名称</td><td></td><td>类别</td><td></td></tr>
<tr><td>排</td><td>型号规格</td><td></td><td>单位</td><td></td></tr>
<tr><td>架</td><td>生产厂家</td><td></td><td>单价</td><td></td></tr>
<tr><td>层</td><td colspan="2" rowspan="2"></td><td>出厂日期</td><td></td></tr>
<tr><td>位</td><td>入库日期</td><td></td></tr>
</table>

<table>
<tr><td colspan="2">年</td><td rowspan="2">单证号</td><td rowspan="2">摘要</td><td rowspan="2">收入数量</td><td rowspan="2">发出数量</td><td rowspan="2">结存数量</td><td rowspan="2">备注</td></tr>
<tr><td>月</td><td>日</td></tr>
<tr><td></td><td></td><td></td><td></td><td></td><td></td><td></td><td></td></tr>
<tr><td></td><td></td><td></td><td></td><td></td><td></td><td></td><td></td></tr>
<tr><td></td><td></td><td></td><td></td><td></td><td></td><td></td><td></td></tr>
<tr><td></td><td></td><td></td><td></td><td></td><td></td><td></td><td></td></tr>
</table>

当然，货卡上的内容不是一成不变的，仓库管理员可以根据存储业务的具体情况，对货卡的具体内容做适当的调整。例如，对于设置了专门的待检区、待处理区、合格货品区、不合格货品区的仓库，在设置货卡时，可以省略货品的状态；又如，为了便于对货品存量进行控制及管理，可以在货卡上增加货品的估计用量、安全库存等信息。

3. 货卡放置注意事项

为了使货卡充分发挥作用，仓库管理员在放置货卡时，需要注意以下问题：

（1）选择恰当位置

货卡一般悬挂在上架货品的下方或放在货品堆垛上。货卡悬挂位置要明显，悬挂要牢固，并便于随时填写。

（2）及时更新内容

在使用货卡时，仓库管理员要根据作业的内容及时更新货卡上的内容。当新货品入库时，要为其设置专门的货卡；当货品入库、出库、盘点后，要立即在货卡上的相应位置填写具体信息；当某货品清库后，要将货卡收回，并放置于该货品的档案中。

五、建立货品档案

建立货品档案是将货品入库作业过程中的有关资料进行整理、核对，建立货品资料档案，从而详细地了解货品入库前后的全貌，为货品的保管、在库、出库业务活动创造良好条件。

1. 货品档案的作用

建立货品档案，便于管理货品和保持客户联系，为解决争议提供凭据，便于总结和积累仓库保管经验。

2. 货品档案资料的分类

货品档案资料一般可分为入库时资料、保管时资料、出库时资料和其他资料，见表 2—16。

表 2—16　　货品档案资料

类型	具体项目
入库时资料	货品出厂时的各种凭证和技术资料，如货品技术证明、合格证、装箱单、发货明细表等 货品运输过程中的单据，如运输单、货运记录、残损记录及装载图等 货品入库时的入库通知单、验收记录、磅码单、技术检验报告等
保管时资料	货品在库期间的检查、变动、保养、通风、除湿、翻仓、损益、事故等记录 货品存货期间室内外温度、湿度及其对货品的影响情况等记录
出库时资料	货品出库凭证、交接签单、出库单、出货单、领料单、调拨单、检查报告等
其他资料	回收的仓单、货垛牌、仓储合同、存货计划、收费存根等

3. 货品档案管理的注意事项

在对货品档案进行管理时，应注意以下事项：

（1）一物一档、一票一档

每种货品或每批货品应建立独立的档案，在便于管理的同时也避免了遗漏。

（2）对档案统一编号

保管时应将货品档案进行统一编号，并在档案上注明货位号，同时在货品保管明细账上注明档案号，以便查阅。

（3）确定资料的保管期限

要根据实际情况确定资料的保管期限。其中有些资料，如库区气候资料、库内温度和湿度记载资料，以及货品存储保管的测试资料等，应长期保留。

（4）及时更新资料

库存货品变化时，仓库管理员要及时收集新的资料，并将其放置于货品档案中。某种货品全部出库后，除必须随货同行且不能以复印件或抄送形式抄送的技术证件外，其余均应留在档案内，并将货品出库证件、动态记录等整理好一并归档。

（5）妥善保管档案

在货品保管期间，仓库可根据情况，由业务机构统一管理或由仓库管理员直接管理货品档案。当货品整进整出时，有关技术证件应随货品转给收货单位，金属材料的质量保证书等原始资料应留存，并将复制件或复印件加盖公章转给收货单位；当货品整进零出时，其质量保证书可用加盖公章的复制件或复印件替代。

任务实施

一、填写入库凭证，办理入库交接手续

由表2—1可知，货品验收合格后，首先要与送货人员办理交接手续，在相关凭证上签字盖章，并填写入库交接单，见表2—17。

表2—17　　入库交接单

送货人：李×　　接收人：徐×　　经办人：王×　　日期：2017年9月8日

收货人	发站	发货人	货品名称	标记	包装（单位）
仓储部徐×	DELL ×××店	DELL ×××店李×	DELL Vostro 3900-D7938 计算机主机及显示器	整齐	纸质箱（件）
件数	重量	货品存放处	车牌号	运单号	提货单号
100×2	900kg	3号库房1层B号仓间3号货架和4号货架，从A货格到E货格	京P×××××	1234568	31B3AE
备注	100台计算机主机，100台计算机显示器				

说明：入库交接单一式三联，一联留作客户提货凭证，一联交业务部门作为收款依据，一联由仓储部门自留，方便核对及记账。

二、登记账目

客户是DELL×××店，其主要目的只是暂存计算机100套，属于普通货品存放，只需登记实物明细账。DELL台式计算机主机及显示器入库后的明细账见表2—18。

表 2—18　　普通实物明细账

存货名称：DELL 计算机　　存货编号：3　　计量单位：套

最低/最高存量：100　　存放地点：3 号库房 1 层 B 号仓间 3 号货架和 4 号货架 A～E 货格

2017 年		凭证		摘要	收入	发出	结存
月	日	种类	号码				
9	8	存储	3	××计算机主机及显示器	各 100 台	0	各 100 台

三、录入货品及货位信息

在仓储部门内部系统中，录入 DELL 计算机主机及显示器如下信息：各 100 件，尺寸分别为 541mm×476mm×358mm 和 513mm×129mm×420mm，存储于 3 号库房 1 层 B 号仓间 3 号货架和 4 号货架 A～E 货格，入库时间为 2017 年 9 月 8 日等。

四、设立货卡

经验收人员检验，本次收到的 100 件计算机主机及显示器均完整无损且合格，同时客户只是需要最基本的仓储服务，故只需填写货品状态卡，如图 2—14 所示。

合　格　品

供 货 单 位：DELL×××店

图　　　号：无

货 物 名 称：DELL Vostro 3900-D7938计算机主机及显示器

进货日期/批号/生产日期：2017年9月8日/B34E20170512/2017年5月12日

标 记 日 期：2017 年9月8日

标　记　人：徐×

备　　　注：计算机主机及显示器各100件

图 2—14　货品状态卡

五、整理入库资料，建立货品档案

将计算机主机及显示器出厂时的技术证明、合格证、装箱单、发货明细表都收集起来，同时将计算机运输过程中的运输单、货运记录，以及入库时的入库通知单、入库验收记录、计算机检验报告都存入新建的计算机档案袋中保管。

技能训练

【训练内容】

根据表 2—3 的入库通知单及上次实训课完成的入库验收报告，完成家乐福超市送到的方便面、饮料、香肠的相关入库手续，并对整个入库过程中涉及的资料进行建档。

【训练要求】

1. 以 3～5 人为一个小组进行入库手续办理。
2. 对家乐福超市所送货品资料进行建档。

【训练评价】

入库手续办理操作技能评价表见表 2—19。

表 2—19　　入库手续办理操作技能评价表

姓名		评价结果				
评价项目及分值		评价标准	自我评价	小组评价	教师评价	总评
入库手续流程（20 分）		入库手续办理流程正确				
入库交接手续（20 分）		入库交接符合程序				
账目登记（10 分）		账目登记正确				
货卡设立（20 分）		货卡设立标准				
货品建档（30 分）		档案建立全面				

任务 4　货品堆码苫垫

任务引入

ABC 物流公司接收客户 DELL×××店的 100 套台式计算机，经过单据审核、货品验收交接后，办理了入库手续。现需将该批货品合理堆码存放。试完成此项工作。

任务分析

要很好地完成堆码工作，需做到以下几点：首先要明确货品堆码的要求，按照堆码的操作步骤对货品进行整理，对堆码场地进行清理；其次要根据货品的包装、形状、性质、重量等特点，结合地面负荷、仓库层高、储存时间、货品承重等因素，选择合理的堆码方法，并按照堆码的标准合理完成堆码作业；最后要根据堆码要求审核堆码的质量，加固货垛，以便于库存货品的管理，确保货品的安全性，避免发生变质、变形等异常情况。

相关知识

一、货品堆码要求

1. 合理

垛形要适合货品的性能特点，不同品种、型号、品牌、批次、产地、单价的货品应分开堆垛，以便合理保管。

2. 牢固

货品堆放要稳定，货垛要牢固，不偏不斜，大不压小，重不压轻，缓不压急，做到不压坏底层货品或其外包装，不超过库场地坪承载能力。货垛较高时，上部适当向内收小，与屋顶、梁柱、墙壁保持一定距离，同时要确保货品质量和货品的“先进先出”原则。

3. 定量整齐

每行每层堆放货品的数量最好是 10 的整数倍，便于清点。货垛堆放要整齐，垛形、垛高、垛距要标准、统一，货垛上每件货品都要排放整齐，垛边横竖成列，垛不压线；货品外包装的标记和标志一律朝垛外，这样便于堆垛、搬运、装卸和盘点作业，提高作业效率。

4. 节约

在允许的范围内应尽可能堆高货品，避免少量货品占用一个货位，以节省货位，提高仓容利用率。要妥善组织安排，做到一次作业到位，避免重复搬运，节约劳动消耗。要合理使用苫垫材料，避免浪费。

二、货品堆码的操作步骤

货品堆码的操作步骤如图 2—15 所示。

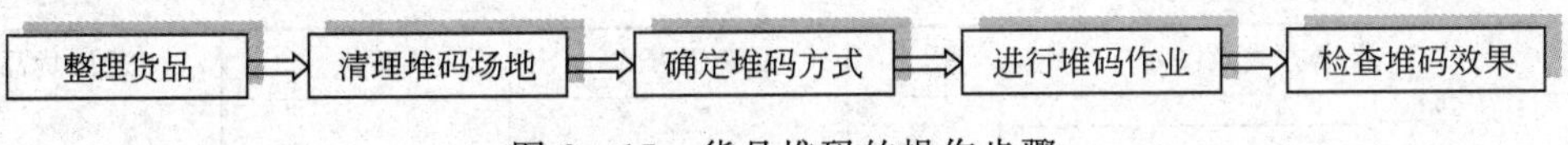

图 2—15　货品堆码的操作步骤

1. 整理货品

对货品进行堆码前，应先对货品进行整理，确保货品数量准确，包装完好，标识清楚，外表洁净，受潮、锈蚀以及发生某些质变或质量不合格的部分已经加工恢复或已剔除另放，与合格品不混杂。为便于机械化操作，应确保需要打捆的货品已经打捆完毕，机电产品和仪器仪表等可集中装箱的货品已装入适用的包装箱。

2. 清理堆码场地

为保证货品的安全，便于货品的保存及保养，需要对堆码的场地进行清理，确保堆码场地满足要求。

库内堆码时，货垛应在墙基线和柱基线以外，垛底须垫高。

货棚内堆码时，必须防止雨雪渗漏，棚内两侧或四周必须有排水沟或管道，棚内地坪应高于棚外地面，最好铺垫沙石并夯实。堆垛要垫高，一般垫高 20～40cm。

露天堆垛时，堆垛场地应坚实、平坦、干燥、无积水及杂草，场地必须高于四周地面，货垛底部还应垫高 40cm，以便于四周排水。

3. 确定堆码方式

确定堆码方式时，要根据货品的特性、包装方式、包装形状、保管的要求，要保证货品质量、方便作业和充分利用仓容，同时考虑仓库的条件。通常情况下宜平放货品，使其重心最低，最大接触面向下，这样易于堆码，使堆垛稳定牢固。货品的堆码方式通常有散堆、垛堆、托盘堆码和货架堆码四种。

（1）散堆

散堆主要用于无包装的大宗散货，如粮食、钢材等。货品在仓库或露天货场上堆成货堆进行存放。这种堆码方式简单，便于机械设备操作。

（2）垛堆

垛堆是指直接根据货品或其包装的外形进行堆码，它适用于有外包装的货品，或无外包装但形状统一的货品。这种堆码方式能够增加货垛高度，提高仓库利用率；能

够根据货品的形状、特性和货位的实际情况把货垛堆码成各种样式，以利于保证货品质量。常用的垛堆方式主要有重叠式、纵横交错式、仰俯相间式、压缝式、通风式、栽柱式、衬垫式、宝塔式等几种。各种垛堆方式的比较见表 2—20。

表 2—20 各种垛堆方式的比较

垛堆方式及图示	摆放方式	特点	适用货品
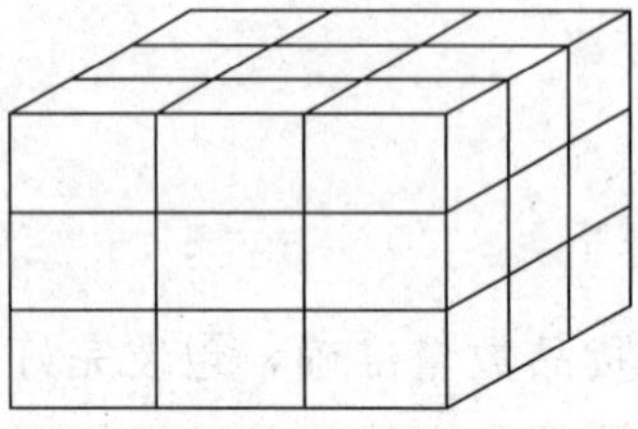 重叠式	逐件、逐层向上重叠，一件压一件地堆码	作业方便，容易计数，空间利用率高，可利用机械操作，但稳定性较差	适用于体积较大、包装质地坚硬的货品，如袋装、箱装、平板、片式货品等
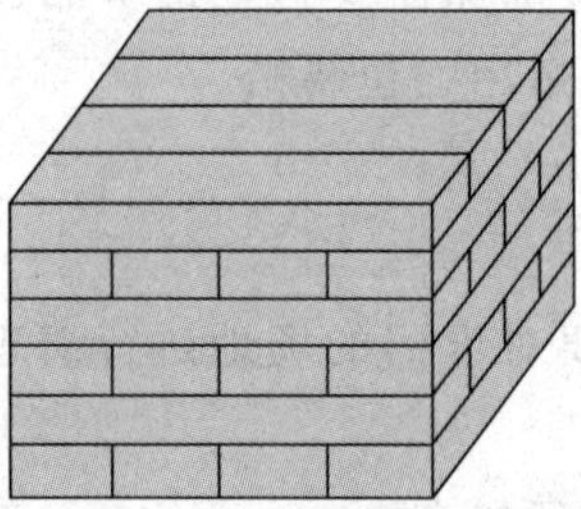 纵横交错式	将长短一致、堆码宽度与长度相等的货品一层横放、一层竖放，纵横交错堆码，最终形成方形垛	便于计数，能充分利用空间，牢固性强，但操作不便	适用于货品长宽成一定比例的管材，以及捆装、长箱装货品
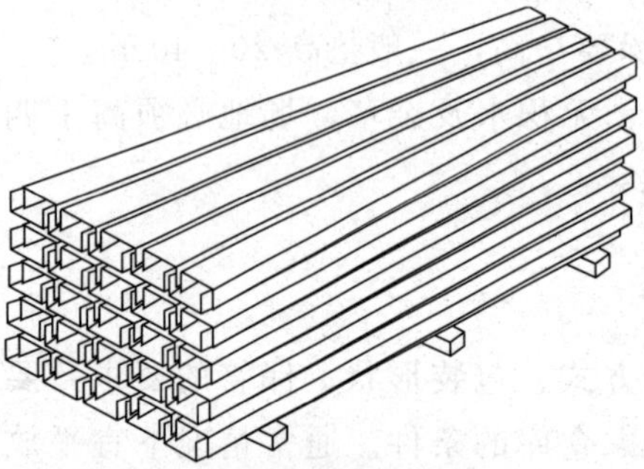 仰俯相间式	一层货品仰放，另一层货品翻转180°俯放，两层货品仰俯相向相扣	稳定性极高，但操作较为麻烦	适用于上下两面大小不一或呈凹凸状的货品，如槽钢、钢轨等
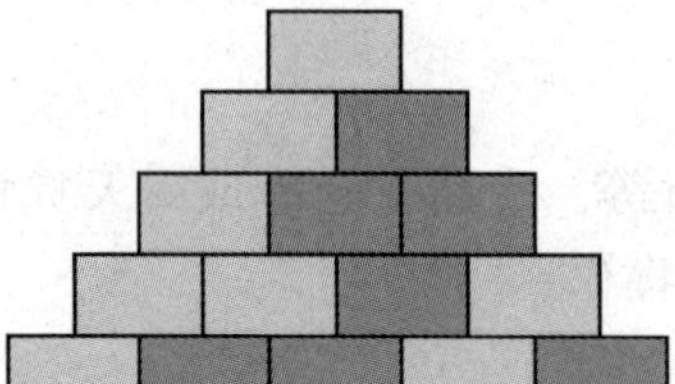 压缝式	将上一层的货品跨压在下层两件货品之间的缝隙上，逐层如此堆高	层层压缝，货垛稳固，不易倒塌；储存大宗货品时便于分批出库	适用于长方形包装货品和桶装货品等

续表

垛堆方式及图示	摆放方式	特点	适用货品
通风式——A 字形 通风式——非字形 通风式——旋涡形 通风式——井字形	任意两件相邻的货品之间都留有空隙，以便通风。层与层之间采用压缝式或者纵横交错式。常用的有 A 字形、非字形、旋涡形、井字形等	货品间留有通风的空隙，利于货品散热和水分蒸发，便于货品通风散潮	适用于易霉变、需通风散潮的货品
栽柱式	在货垛的两旁各栽一定数量的木柱或钢棒，然后将中空钢、钢管等较长较大的金属材质货品平铺在柱子之间，货品两侧相对立的柱子要用铁丝拉紧，以防倒塌	便于柱形货品堆码，防止货垛倒塌	适用于在货场堆放外形较长较大的金属材质货品，如圆钢、中空钢、钢管等
衬垫式	在每层或每隔两层货品之间夹进衬垫物，使货垛牢固，横断面平整	因为有衬垫物，所以即使货品外形不规则，货垛也比较稳固	适用于无包装、形状不规则且较重的货品，如无包装的电动机、水泵等

续表

垛堆方式及图示	摆放方式	特点	适用货品
宝塔式	沿底层货品的中心往上码放，且逐层减少货品，直至不能继续堆放，形成塔状	货垛较为稳固，但不能充分利用仓容	适用于圆形成卷的货品，如铁丝、盘条、电线等

（3）托盘堆码

托盘堆码是指将货品码放在托盘上进行堆码，具体可以采用重叠式堆码、纵横交错式堆码、仰俯相间式堆码、压缝式堆码等常用堆码方式。

（4）货架堆码

货架堆码是指采用通用或者专用的货架进行货品堆码，这种方式能够提高仓库的利用率，减小货品存取时的差错率。它的最大优点为：货品的重量由货架支撑，不会产生挤压，可以有选择地取货和先入先出。此方式适用于小件、品种规格复杂且数量较少、包装简易或脆弱、易损坏、不便堆垛的货品，特别是价值较高而需要经常查数的货品。常用的货架有悬臂架、板材架、托盘货架、多层立体货架等。

4. 进行堆码作业

确定好堆垛方式后，开始对货品进行堆码操作，在此过程中要注意以下几点：①每个货垛的面积不应大于 150m^2，并保证库房内留出 2m 宽的主通道；②要注意保持“五距”，即垛距、墙距、柱距、顶距、灯距；③进行堆垛操作时，操作人员要注意保护货品，避免因搬运不当而造成损坏。

货垛“五距”的具体要求是：库房垛距一般为 0.5～1m，货场垛距一般不少于1m；墙距分为库房墙距和货场墙距，库房墙距分为内墙距和外墙距，内墙距为 0.1～0.2m，外墙距为 0.3～0.5m，货场只有外墙距，一般为 0.8～3m；柱距一般为 0.1～0.3m；平房库顶距为 0.2～0.5m，人字形屋顶库房顶距以不超过横梁为准，多层库房底层与中层顶距为 0.2～0.5m，顶层顶距大于或等于 0.5m；灯距应不小于 0.5m。

5. 检查堆码效果

堆码完成后要对堆码后的货品进行检查，确保堆码符合要求。如果出现图 2—16 所示的情况，则说明堆码不合格。

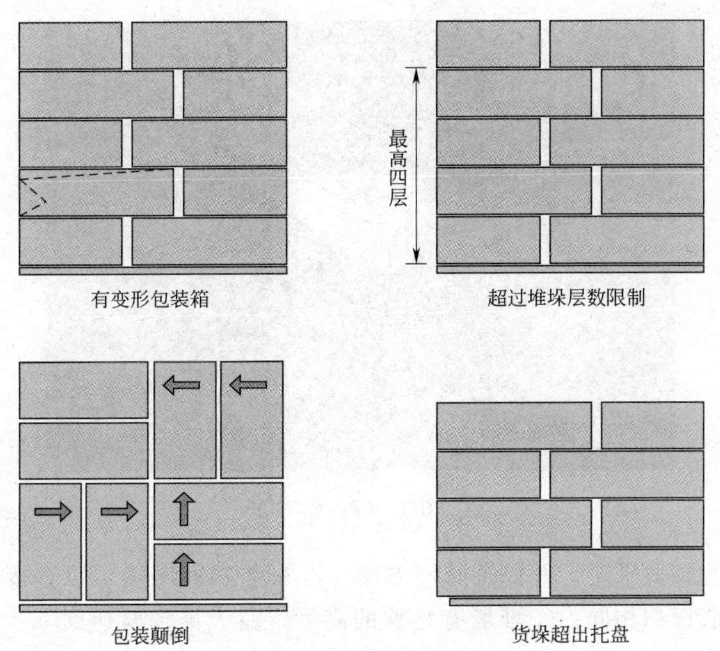

图 2—16　不合格的堆码

三、货品苫垫

苫垫就是指对堆码成垛的货品上苫下垫，避免货品受到日光、雨水、冰雪、潮气、风、露的损害，它是货品保管养护的必备措施。

1. 垫垛

垫垛是指在货品码垛前，在预定的货位地面位置按垛形的大小和重量，在货垛底部放置衬垫材料，如图 2—17 所示。常见的衬垫材料有水泥墩、条石、枕木、废钢轨、货架板、木板、钢板、苇席、防潮纸、塑料薄膜等。为节省木材，应尽量用水泥预制件或钢轨等作为衬垫材料。

（1）垫垛的作用

垫垛的主要作用包括：①使地面平整；②把堆垛货品与地面隔开，防止地面潮气和积水浸湿货品；③分散货品的压力，避免损伤地面；④将货品与地面上的杂物、尘土隔开；⑤使垛底通风，利于货垛通风除湿；⑥便于收集和处理货品的泄漏物，防止流动扩散。

（2）垫垛的基本要求

垫垛的基本要求有：①衬垫物抗压强度大，对货品不会产生不良影响；②地面平

图 2—17 垫垛

整坚实，衬垫物摆放平正，并保持同一方向；③衬垫物间距适当，直接接触货品的衬垫面积与货垛底面积相同；④堆场有足够的高度，露天堆场要达到 0.3～0.5m，库房内达到 0.2m 即可。

2. 苫盖

苫盖是指通过科学的方法，选择合适的材料铺盖在货垛上，以达到给货垛遮阳、避雨、挡风、防尘的目的，如图 2—18 所示。

图 2—18 苫盖

(1) 苫盖时的注意事项

苫盖时要注意：①选择合适的苫盖材料，苫盖材料不与货品相互影响，成本低、可回收、不易坏；②苫盖要牢固，苫盖接口要紧密；③苫盖的底部应与垫垛平齐；④苫盖材料质地要与季节相适应。

(2) 苫盖的方法

常见的苫盖方法见表 2—21。

表 2—21 苫盖方法

苫盖方法及图示	操作说明	特点
就垛苫盖法	将大面积苫盖材料直接覆盖在货垛上	操作简便，但通风较差
鱼鳞式苫盖法	从货垛的底部开始，将苫盖材料自下而上呈鱼鳞式逐层交叠围盖	操作复杂，但能起到全面的防护作用
隔离苫盖法	在苫盖材料与货垛之间加上隔离物，使它们之间留有一定空隙	主要用于防雨、防日光，但防潮、防风沙效果差
活动棚苫盖法	将苫盖材料制成一定形状的棚架，在货品堆码完毕后，将棚架移动到货垛上进行遮盖，或在货垛上即时安装活动棚架进行苫盖	主要用于防雨，但防潮、防风沙效果差

任务实施

一、整理货品

根据表 2—1，该批货品刚刚进行了验收交接，数量 100 套，包装完好，标识清楚，不存在任何问题。

二、清理堆码场地

该批货品最终需要放在 3 号库房 1 层 B 号仓间 3 号货架和 4 号货架的 A 货格到 E 货格，仓库管理员检查确保储存环境符合要求。

三、确定堆码方式

此批货品外包装为纸箱，计算机主机外包装尺寸为 541mm×476mm×358mm，显示器外包装尺寸为 513mm×129mm×420mm。根据货品包装、外形、性质、重量和数量，以及仓库的库位情况，决定将这批货品以重叠式堆码方式码放在托盘上，然后堆码到货架上。

四、进行堆码操作

首先进行计算机主机的堆码操作。

先准备好空托盘，再进行目视测量，确定托盘可以码放 3×4 箱，然后按先远后近的原则进行堆码。将底层的货箱堆码整齐，箱与箱之间不留空隙，箱与箱的交接面为正面与正面相接，侧面与侧面相接。将货箱逐层重叠堆码，每层货箱平行，上下两层货箱相接触的四个角和四条边重叠，方向相同，直到堆码完成。在码放货品的时候随时注意整理加固托盘上的货品，以防货垛倒塌。码盘结束后，使用叉车将托盘货品按要求运抵指定区域存放。

在计算机主机堆码完成后，接下来对显示器进行相同的操作。

五、检查堆码效果

堆码完成后对堆码的主机和显示器进行检查，确认堆码符合要求。

至此，此批货品的堆码工作完成。

技能训练

【训练内容】

ABC物流公司接到其客户北京D贸易公司货品入库的请求，入库货品清单见表2—22。经过单据审核、货品验收交接后，办理了入库手续，现需对该批货品进行合理堆码存放。

表2—22　入库货品清单

客户名称	北京D贸易公司		
联系人	张××	联系电话	136××××××××
入库货品1	蜂蜜柚子茶	入库数量	100箱
包装尺寸	425mm×345mm×165mm	毛重/净重（kg）	7/6
备注	易碎、怕压、轻拿轻放		

【训练要求】

1. 以3～5人为一个小组进行讨论，确定堆码方案。
2. 根据讨论方案进行相应操作，完成堆码。

【训练评价】

堆码操作技能评价表见表2—23。

表2—23　堆码操作技能评价表

姓名		评价结果				
评价项目及分值		评价标准	自我评价	小组评价	教师评价	总评
堆码方案（15分）		堆码方案合理				
货品整理（10分）		堆码前对货品进行认真整理				
现场清理（10分）		堆码现场清理干净				
堆码方式（20分）		选择适合货品特征的堆码方式				
堆码操作（30分）		堆码按要求进行，做到熟练操作				
堆码检查（15分）		堆码完成后要进行相应的检查				

任务5　入库作业综合实训

实训内容

ABC物流公司接到客户北京欧乐科技有限公司的货品入库任务，有一批货品送抵海星1号仓库，需要进行入库处理，入库货品相关信息见表2—24。

表2—24　　入库货品相关信息

<table>
<tr><td colspan="2">客户名称</td><td colspan="3">北京欧乐科技有限公司</td><td>库房</td><td colspan="3">海星1号</td></tr>
<tr><td colspan="2">入库方式</td><td colspan="3">送货</td><td>订单来源</td><td colspan="3">E-mail</td></tr>
<tr><td>批次</td><td>货品</td><td>型号</td><td>货品编码</td><td>数量</td><td>单位</td><td>包装规格（mm）</td><td>托盘货品数量</td><td>储区储位</td></tr>
<tr><td>12002</td><td>冰箱</td><td>BXSM5091</td><td>980900880</td><td>20</td><td>箱</td><td>1 500×550×600</td><td>4</td><td>平堆区</td></tr>
</table>

要求：按照入库作业流程，使用仓储管理系统完成入库作业。

实训准备

准备配有仓储管理系统的计算机、RFID手持终端设备、搬运设备等。

对人员进行分组。每组信息员1人，负责信息录入；仓库管理员1人，负责货品验收、入库作业及入库单据填写；送货员1人，负责货品运送、入库交接处理；验收员、搬运员、理货员等可视情况安排。

维护货品信息、储位存放规格信息，打印并粘贴货品条码、托盘标签。检查储位标签是否完好，破损的储位标签需要重新打印。打印入库单、送货单、储位分配单。

实训操作

一、入库订单处理

信息员接到客户的入库通知后，录入订单信息，并生成入库作业任务，提交给仓库管理员，具体操作步骤为：进入仓储管理系统，依次点击“订单管理系统”“订单管理”“订单录入”“入库订单”，分别输入订单信息、订单入库信息、订单货品信息，生成入库订单，如图 2—19、图 2—20 和图 2—21 所示：

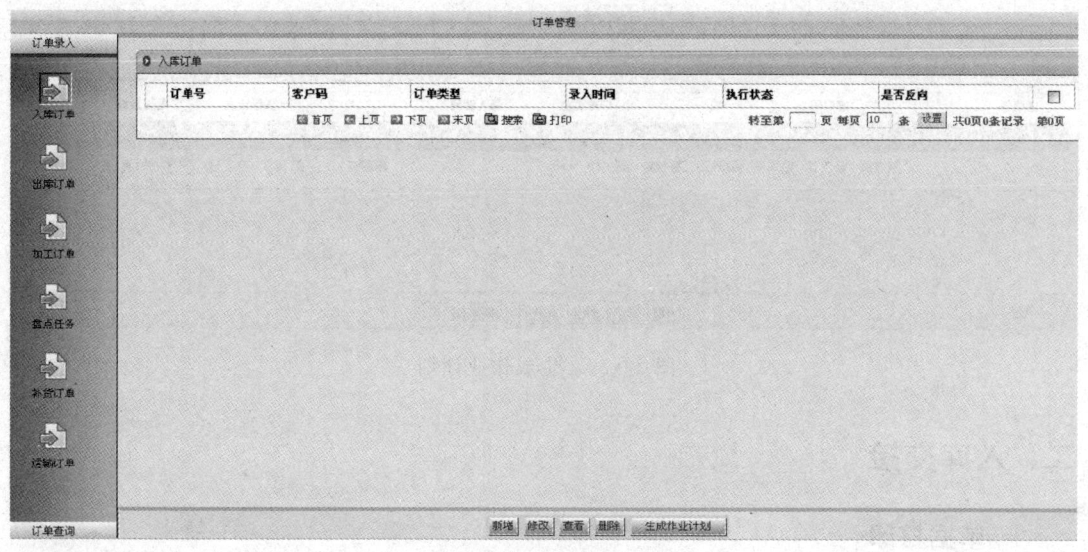

图 2—19　订单信息

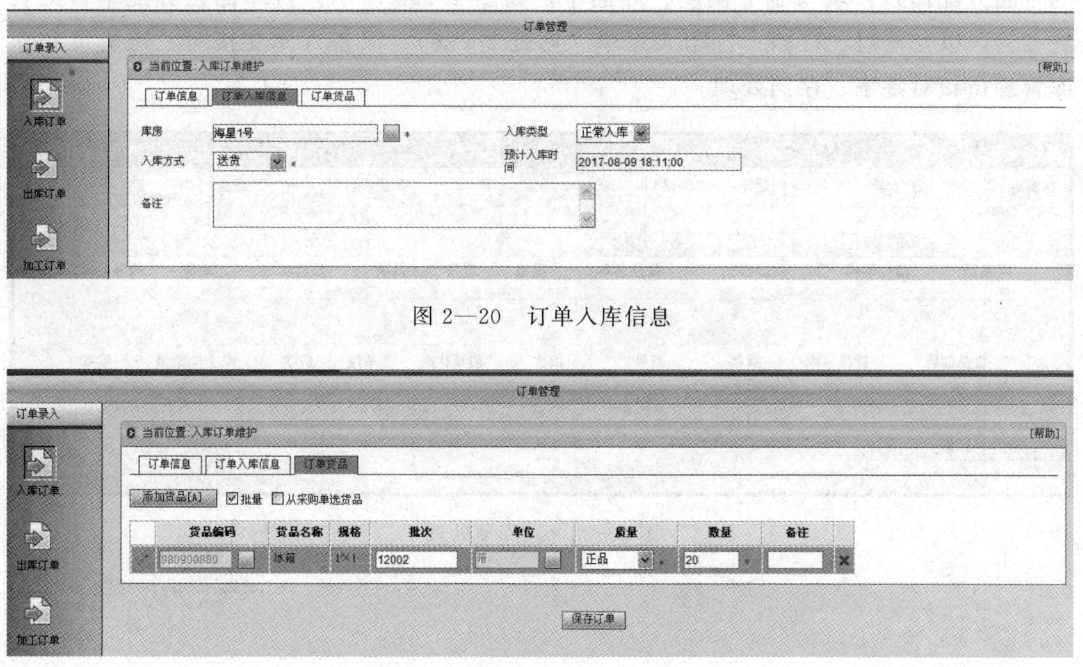

图 2—20　订单入库信息

图 2—21　订单货品信息

完成后，点击“保存订单”，返回到入库订单列表界面，勾选该订单并单击“生成作业计划”，如图 2—22 所示，完成入库订单的处理。

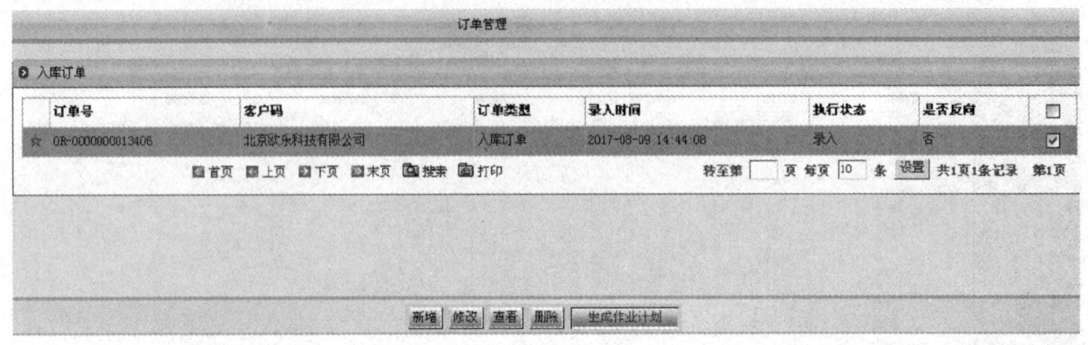

图 2—22 生成作业计划

二、入库交接

1. 单据打印

仓库管理员登录仓储管理系统，依次点击“入库作业”“入库预处理”，为待入库的货品分配储位，填写到“调度”界面中，如图 2—23 所示。打印储位分配单（见表 2—25），以备核对、存档；打印入库单（见表 2—26），以备入库交接时，送货员和仓库管理员核对签字、存档处理。

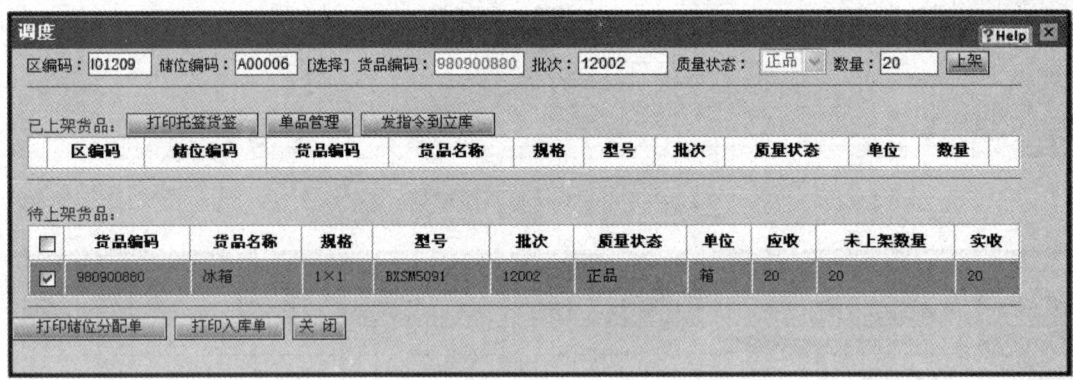

图 2—23 入库预处理

表 2—25　　储位分配单

操作编码：000000000046018

作业单号	0000000000023151			库房	海星1号			
货品明细								
位置	货品编码	货品名称	规格	批次	应放	实放	单位	备注
100880-A00007	980900880	冰箱	1×1	12002	20		箱	

表 2—26　　入库单

作业计划单号：0000000000023151

ABC 物流公司海星1号仓库　　应收总数：20.0　　实收总数：

客户名称：北京欧乐科技有限公司　客户编号：OL0100880　客户指令号：　　日期：

货品名称	货品编码	规格	单位	应收数量	实收数量	货位号	批次	备注
冰箱	980900880	1×1	箱	20				

仓库管理员：　　送货人：

2. 入库验收

仓库管理员按照验收要求对货品进行核对，确认无误后与送货员进行单据交接。仓库管理员、送货员分别在入库单和送货单相应位置签字确认。若入库货品存在异常，仓库管理员需将异常情况在“备注”栏中进行说明。填写后的送货单见表 2—27。

三、入库理货

货品接收入库后，放置在入库理货区，理货员登录手持终端仓储作业系统，依次点击“入库作业”“入库理货”，如图 2—24、图 2—25 所示，进入图 2—26 所示界面后点击“理货”，进入图 2—27 所示界面。

表 2—27 送货单

日期：2017 年 8 月 9 日　　　　编号：L000012001

客户信息			
客户单位	ABC 物流公司	客户地址	北京市通州区××路×号

货品信息				
货品名称	包装	数量	单位	实收数量
冰箱	纸箱	20	箱	20
客户验收意见				

送货人：　　　　收货人：

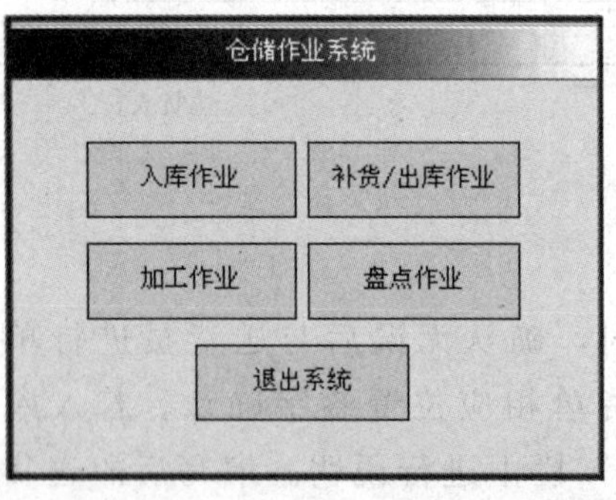

图 2—24 手持终端仓储作业系统主功能界面

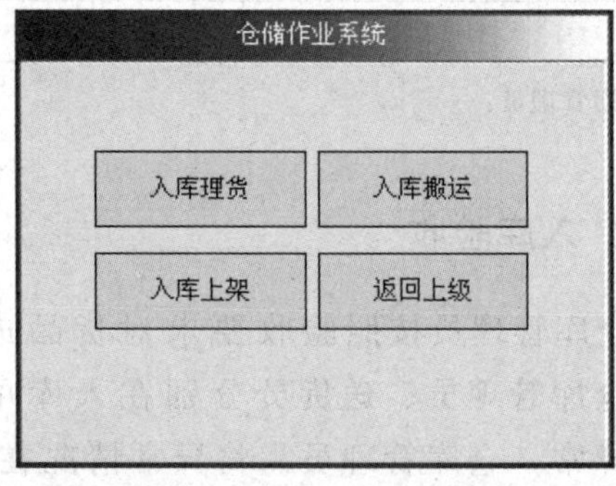

图 2—25 入库作业功能界面

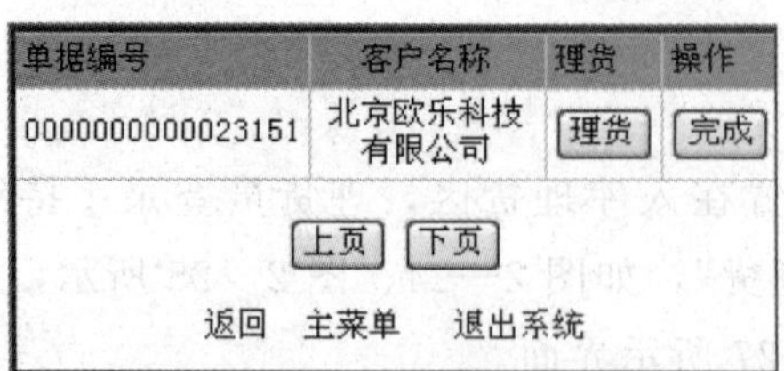

单据编号	客户名称	理货	操作
000000000023151	北京欧乐科技有限公司	理货	完成

上页 下页

返回 主菜单 退出系统

图 2—26 选择作业单进行操作

理货员用手持终端采集货品条码信息，系统自动提示该货品的入库目标储存区域，继续扫描托盘标签，出现货品名称、规格、实收数量等信息，仔细核对该信息是否与入库订单一致，如图 2—28 所示。

当前操作：入库理货
货品条码
托盘标签
货品名称 –
规格 –
批号
实收数量 余：
建议数量：
保存结果
作业已理货：0托盘
返回 主菜单 退出系统
货品编码 货品名称 计划数量
980900880 冰箱 20箱

图 2—27 入库理货初始界面

当前操作：入库理货
货品条码 xxxxxxxxxxxxx
托盘标签 8000000000001
货品名称 冰箱
规格 1×1
批号 12002
实收数量 4 余：20
建议数量：4
保存结果 去往［平堆区］
作业已理货：0托盘
返回 主菜单 退出系统
货品编码 货品名称 计划数量
980900880 冰箱 20箱

图 2—28 扫描货品和托盘

根据储位存放规格的设定，一个托盘上存放 4 箱，每批货品进行组托作业（组托是把小件或不规则货品拼放在一个标准的托盘上，以提高装卸、运输的速度）时，系统上会显示实收数量，如图 2—29 所示。货品理货完毕后，点击“保存”。重复上述操作，将剩余 16 箱冰箱进行 4 次组托作业，完成全部入库理货作业，如图 2—30 所示。

当前操作：入库理货
货品条码
托盘标签
货品名称 –
规格 –
批号
实收数量 余：
建议数量：
保存结果
作业已理货：1托盘
冰箱 （1托盘4箱）
返回 主菜单 退出系统
货品编码 货品名称 计划数量
980900880 冰箱 20箱

图 2—29 组托作业

当前操作：入库理货
货品条码
托盘标签
货品名称 –
规格 –
批号
实收数量 余：
建议数量：
保存结果
作业已理货：5托盘
冰箱 （5托盘20箱）
返回 主菜单 退出系统
货品编码 货品名称 计划数量
980900880 冰箱 20箱

图 2—30 入库理货完毕

四、入库搬运

理货员理货完毕，搬运员从设备暂存区取出搬运车，将完成理货堆码在托盘上的货品搬运至平堆交接区。

搬运员登录手持终端仓储作业系统，依次点击“入库作业”“入库搬运”，进入图 2—31 所示界面。

搬运员利用手持终端采集托盘标签信息，系统自动提示需搬运的货品名称、数量及到达地点等信息，如图 2—32 所示。搬运员利用搬运车按照操作规范将托盘货品搬运至平堆交接区，点击“确认搬运”，完成货品搬运。

当前操作：搬运操作
客户：默认客户

托盘标签	
货品名称	-
数量	-
到达地点	-

返回 主菜单 退出系统

8000000000011 冰箱
8000000000013 冰箱
8000000000001 冰箱
8000000000015 冰箱
8000000000014 冰箱

图 2—31 入库搬运

图 2—32 采集托盘信息

五、入库上架

搬运员登录手持终端仓储作业系统，依次点击“入库作业”“入库上架”，进入图 2—33 所示界面，显示待上架货品的上架信息。用手持终端扫描托盘标签信息，系统显示对应的储位标签信息，如图 2—34 所示。

根据手持终端提示，搬运员用搬运车将货品搬运至平堆区 A00006 储位，用手持终端扫描储位标签，点击“确认上架”完成货品放入平堆区的上架操作，如图 2—35 所示。

待上述操作完成后，搬运员返回系统主功能界面，依次点击“入库作业”“入库理货”，进入图 2—36 所示界面，点击“完成”。

当前操作：入库上架

托盘标签	
名称	-
规格	-
批号	-
数量	-
储位标签	-

返回　主菜单　退出系统

8000000000001　冰箱
8000000000015　冰箱
8000000000014　冰箱
8000000000013　冰箱
8000000000011　冰箱

图 2—33　入库上架初始界面

当前操作：入库上架

托盘标签	8000000000001
名称	冰箱
规格	1×1
批号	12002
数量	4
储位标签	I01209- A00006

平堆区A00006　确认上架

返回　主菜单　退出系统

8000000000001　冰箱
8000000000015　冰箱
8000000000014　冰箱
8000000000013　冰箱
8000000000011　冰箱

图 2—34　储位信息提示

当前操作：入库上架

托盘标签	8000000000001
名称	冰箱
规格	1×1
批号	12002
数量	4
储位标签	I01209-A00006 A00006

平堆区A00006　确认上架

返回　主菜单　退出系统

8000000000001　冰箱
8000000000015　冰箱
8000000000014　冰箱
8000000000013　冰箱
8000000000011　冰箱

图 2—35　确认上架

单据编号	客户名称	理货	操作
0000000000023151	北京欧乐科技有限公司	理货	完成

上页　下页

返回　主菜单　退出系统

图 2—36　选择作业单进行操作

六、填写货卡

仓库管理员根据仓库管理规定，填写相应的货卡（见表 2—28）。货卡填写完毕后放置于货垛指定位置。

各作业人员将设备归位。至此，入库作业操作完毕。

表 2—28　　海星 1 号库房货卡

货卡号：001

货品名称：冰箱　　规格：1×1　　包装单位：箱

2017 年		送货（提货）单位	入库	出库	库存	备注	经手人
月	日						
8	9	北京欧乐科技有限公司	20		20		

思考练习题

1. 入库作业的基本流程是什么？
2. 入库准备的主要工作内容是什么？
3. 储位分配的方法有哪些？
4. 入库验收的要求有哪些？
5. 简述入库验收的工作流程。
6. 简述验收中发现问题的处理方法。
7. 简述办理入库手续的流程。
8. 简述货品明细账登记的方法，并说明当出现错误时应该如何处理。
9. 简述对货品进行堆码的操作步骤。
10. 货品堆码有哪几种方式？
11. 货品苫盖时有哪些注意事项？

项目三　在库作业

货品入库交接后，就进入在库作业阶段，在库作业是否科学合理直接影响货品质量和仓库运转，在库作业是仓储作业的核心环节。

任务 1　货品保管作业

任务引入

ABC 物流公司 2017 年 9 月 5 日与北京 D 贸易公司签订了货品储存合同，所存货品类型为食品，货品被安排在 2 号库。试完成该批库存货品的保管作业。

任务分析

在进行货品保管时，要重点做好几项工作：明确货品保管的任务、原则和基本措施，做好仓库货品保管的常规工作；采取防霉腐措施，防止货品变质；采取防治虫害措施和防锈措施，防止货品损失；在工作过程中要按“6S”要求做好仓库内的管理工作。

相关知识

一、货品保管的任务

货品保管的基本任务是根据货品本身的特性及其变化规律，提供适宜的保管环境和条件，合理规划、有效利用现有仓储设施，确保库存货品的质量与安全，为合理组织货品供应做好准备工作。它包括以下几方面内容：

1. 制定货品储存规划

货品储存规划是在现有仓储设施条件下，全面规划不同种类货品的储存工作，如保管场所的选择和布置、货品的堆码苫垫等。

2. 提供合适的保管条件

不同货品的物理、化学特性各不相同，不同种类货品要求的保管环境和条件也不相同。为保证货品在库的安全与质量，就要采取相应措施和方法，提供与之相适应的环境与条件。例如，控制仓库温度和湿度，做好货品的防锈、防虫、防晒、防老化等工作。

3. 掌握库存货品信息

掌握库存货品的存储数量和质量是货品保管的任务之一。在进行实物保管的同时，还要对货品信息进行管理，包括各种单据、报表、技术文件等的填写、整理、传递、保存、分析和运用。

4. 确保货品安全

仓库的消防安全、排水防洪、防盗、安全保卫、温度和湿度控制以及虫害和霉变的防治等，都是货品保管的基本任务，其目的是确保货品安全，保持货品使用价值。

二、货品保管的原则和基本措施

1. 货品保管的原则

（1）质量第一

保持货品的使用价值是货品保管的根本目的，所以必须把保证库存货品数量正确、质量完好放在首位，一切管理和保管方法、措施都应以此为中心。

（2）预防为主

在货品保管过程中，应积极采取预防措施，按照制度、标准办事，不留隐患，防止质量事故，避免货品质量下降，减少数量损耗。

（3）方法科学

科学合理地规划货品储存，采取先进的技术与养护方法，做到因物而异、因库制宜。

（4）提高效率

在保证库存货品质量与数量的前提下，有效利用仓储设施，提高仓库和设备的利用率，减少保管费用，降低成本。

2. 货品保管的基本措施

库存货品的保管要贯彻“预防为主，防治结合”的方针，使库存货品的质量达到要求，数量在储存期内不发生短缺，货品的数量要保证账、卡、货一致，同时做到货品在储存时安全，无事故发生。为保证库存货品的质量、数量和安全要求，需要做好以下工作：

(1) 严格执行货品入库验收规范

为了防止货品在储存期间发生不应有的变化，货品入库验收要严格按规范进行，如果验收时发现有发霉、发热、腐败、熔化、沉淀、结块、挥发、渗漏、虫蛀、虫咬、污染及包装潮湿等异常情况，要查清原因，及时处理，以免造成或扩大损失。

(2) 适当安排保管场所

各种货品性能不同，对保管条件的要求也不同。所以，应适当安排货品存放地点，以适应其性能要求。例如，怕热，易熔化、发黏、挥发、变质，易发生燃烧、爆炸的货品，要放在温度较低处；受潮后易霉变、生锈的货品，要放在干燥处；性能抵触或易串味货品不应存放在一起；危险化学品要严格按照有关规定分区分类存放，避免互相影响，发生事故。

(3) 合理进行堆码苫垫

地面潮气对货品质量有很大影响，因此要注意做好下垫隔潮工作，以防货品霉变。堆放在露天货场的货品要使用苫布、芦席或活动苫棚等做好苫盖，以防日晒雨淋。

对不同货品应根据其性能、条件，结合季节气候等情况妥善堆码，并注意库内货品应留出“五距”要求的距离。

(4) 控制好库内温、湿度

货品质量受温度和湿度的影响较大。要根据库存货品的特性，采用通风、密封、除湿和其他各种控制与调节温、湿度的办法，把库内温、湿度控制在适当的范围内，保证货品质量安全。

(5) 做好虫害防治

不清洁的储存环境会引起微生物、虫类滋生繁殖，所以，要经常清扫仓库内外，保持环境清洁。对容易遭受虫蛀、鼠咬的货品，要根据货品特点和虫、鼠的生活习性及危害途径，及时采取有效的防治措施，以防货品遭受损失。

(6) 认真进行在库日常检查

货品在库日常检查对实现安全储存具有重要的作用。一旦货品在储存期间发生质量变化，如果能及时发现并采取措施，就会防止造成或扩大损失。检查时，应根据货品的色、味、触感及库内温、湿度变化情况，判断是否产生异常状况，一旦发现要及时分析，查清发生问题的原因，采取防治措施，消除隐患。

三、仓库货品保管的常规工作

仓库货品的保管是一项综合性的工作，工作内容复杂烦琐，其中常规工作一般包括以下三项：

1. 日常在库检查

仓库内的货品性质各异、品种繁多、规格型号复杂，在储存期间会受到多种因素的影响。一些货品入库时没有异常，但经过一段时间的存储，可能就会出现一些问题，如果仓库管理人员能够及时发现并采取措施，有效控制外界因素的影响，就可避免货品受到损失。要做到这一点，就需要做好日常的在库检查，检查的重点一般是：入库时发现已有问题的货品，性能不稳定或不够熟悉的货品，堆放场所不太适宜的货品，已有轻微异常但尚未处理的货品，储存时间较长的货品，储存在窗、墙附近以及垛底、垛心等容易发生问题处的货品。在库检查可以定期或不定期地进行，以便及时发现问题并进行处理。

2. 做好仓库清洁卫生

仓库环境应经常清理，彻底清除仓库周围的杂草、垃圾等杂物，必要时使用药剂杀灭微生物和潜藏的害虫。对容易受到虫蛀、鼠咬的货品，要根据货品特性和虫鼠生活习性及危害途径，及时采取有效的防治措施。

3. 控制仓库的温度、湿度

（1）温度、湿度的类别和概念

温度、湿度的类别和概念见表 3—1。

表 3—1　　温度、湿度的类别和概念

温、湿度	分类	概念	关系
温度	气温	库房外温度	气温对库温有直接影响，对垛温有间接影响
	库温	库房内温度	
	垛温	储存货品的温度	
湿度	绝对湿度	单位体积空气中所含水蒸气的质量	相对湿度＝绝对湿度÷饱和湿度
	饱和湿度	在一定气压、气温的条件下，单位体积空气中所能含有的最大水蒸气质量。空气中的水汽超过饱和湿度时，多余的水蒸气就会凝为水滴	
	相对湿度	空气中实际含有水汽量与同温度下饱和蒸汽量的比值	

不同货品对温度、湿度的要求不同，部分类别货品的安全温度和湿度见表 3—2。

表 3—2　　部分类别货品的安全温度和湿度

货品类别	安全温度	安全相对湿度
麻织品	25℃	55%～65%
丝织品	20℃	55%～65%
毛织品	20℃	55%～65%
皮革制品	5～15℃	60%～75%
橡胶制品	25℃以下	80%以下
金属制品	35℃以下	75%以下
竹木制品	30℃以下	60%～75%
塑料制品	−5～25℃	80%以下
玻璃制品	80℃以下	80%以下
人造革	−10～20℃	75%以下
纸制品	35℃以下	75%以下

(2) 仓库温度、湿度的一般变化规律

1) 气温的变化规律。一昼夜中，气温的最高值在午后 2～3 时，最低值在凌晨日出前，最高值与最低值交替出现，呈现白天热、夜间冷、中午暖、早晚凉的变化规律。一年中气温最低的月份，内陆为 1 月，沿海为 2 月；气温最高的月份，内陆为 7 月，沿海为 8 月；气温的平均值均出现在 4 月底和 10 月底。

2) 湿度的变化规律。相对湿度的日变化规律与气温的日变化规律相反。日出前，相对湿度最大；午后 2～3 时，相对湿度最小。但沿海地区由于有从海洋吹来的水汽，在午后温度最高时，其相对湿度也大。相对湿度的年变化趋势与气温年变化趋势相反，一般最大值出现在冬季，最小值出现在夏季。但各地相对湿度的年变化趋势也不尽相同。例如，沿海地区和受季风影响的大部分地区，夏季相对湿度大，冬季相对湿度就小。

3) 仓库内温度、湿度的变化规律。仓库内温度、湿度的变化规律基本与库外相似，但仍受不同具体环境的影响。库内四个角落空气流通性差，湿度一般偏大；库内向阳一面气温高，相对湿度相对偏小；背阴一面则相反。

库内上、下部位的湿度差别也较大，夏季尤为明显。上部空气的温度较高，相对湿度较小；下部空气的温度较低，相对湿度则较大。一般库内上部相对湿度平均为 65%～80%，靠近地面和垛底的相对湿度平均达 85%～100%。靠近门窗的货品易受潮。水泥地面和沥青地面在温度、湿度变化或通风不当时，常会结露，产生水膜，增加库内底层的湿度。垛位顶部、四周与货垛内部通风情况不同，湿度存在很大差异。

（3）仓库温度、湿度的测量工具

1）仓库温度的测量工具。仓库温度的测量主要使用水银温度计、酒精温度计、自记温度计和半导体点温计等测量工具（见表 3—3）。

表 3—3　　温度测量工具

类型及图示	构造	特点	使用
水银温度计	一根密闭的细长玻璃管中装入水银，下端膨大呈球形	灵敏度和准确度都较好，但不能用于测低温，测温范围为－30～60℃	放置在不受阳光直射、通风的地方，悬挂高度为 1.5m 左右，以能平视观测为宜 读取温度计指数时，要先看小数、后看整数，视线要与水银柱顶端齐平，手和头不要接近温度计球部，也不要对着球部呼吸
酒精温度计	与水银温度计基本相同，只是将其中的水银换成了染成红色或蓝色的酒精	灵敏度及准确度都不及水银温度计，但成本低、测温范围适中，为－100～70℃，在仓库中使用范围最广	在 0.1MPa 气压下，酒精温度计所能测量的最高温度一般为 78℃，因此酒精温度计不宜用来测室内高温 酒精温度计通常用于北方寒冷的季节，因为温度过低会使水银凝固，而酒精的凝固点是－114℃
自记温度计	由感应部分和自记部分组成，感应部分是由两种不同金属焊接组成的双金属片，双金属片一端固定，另一端通过杠杆系统连接到由自记钟、自记纸、自记笔组成的自记部分	附带记录装置能够连续自动记录温度的变化，根据所使用材料不同，测温范围为－80～500℃	能够自动记录空气温度的变化，它的自记部分包括自记钟、自记纸、自记笔三部分。为保障其能够正常工作，仓库管理员要做好上发条、更换记录纸及添加墨水的工作

续表

类型及图示	构造	特点	使用
半导体点温计	由测温头、半导体感应器及显示屏组成	不仅能测量空气温度，而且能测量固体表面的温度，根据使用材料不同，测温范围为－200～500℃	使用时将测温头接触被测物体，即可直接从显示屏上读得被测物体的温度

2）仓库湿度的测量工具。测量湿度的工具主要有干湿球湿度计、通风湿度计、毛发湿度计和自记湿度计等（见表3—4）。

表3—4　　湿度测量工具

类型及图示	构造	特点	使用
干湿球湿度计	由两支温度计组成，一支是用湿润的纱布包裹温度计的球体部分制成的湿球，而另一支为干球	可以同时测量空气湿度及温度，但测量范围有限，不得低于0℃，且最终湿度还要经过换算求得	将湿球的下端球部用吸水性良好、薄而细的纱布包裹。包裹时要将纱布先浸湿，绕球部一周半，并将纱布的另一端浸入水盂中。水盂中放蒸馏水或冷开水，水量不得少于容量的2/3。湿球上所裹纱布应每周洗涤或更换一次 应放置在阴凉、通风的地方，避免阳光直射 读数时先读温度，后读湿度。根据读出的温度和湿度对比对照表，确定空气湿度

续表

类型及图示	构造	特点	使用
通风湿度计	通过其头部的风扇使湿度计的球部附近有一定速度的气流通过	能有效防止外界条件对湿度计的影响，从而测得较准确的湿度值	一般放置在对湿度要求较严格的库房 使用方法与干湿球湿度计相同，只是在润湿球后增加了一个上紧发条，使风扇旋转进行通风 读数时，应该等湿球示值稳定后再读，读数和测定湿度的方法与普通干湿球湿度计相同
毛发湿度计	由脱脂毛发、指针、刻度盘三部分构成	可以直接读出相对湿度，但使用寿命较短，且当空气过于干燥或过于潮湿时，测得的数值不准确	气温低于－5℃时不适宜使用干湿球温度计测湿度，此时可采用毛发湿度计测量空气的相对湿度 使用毛发湿度计时，应将其放置在阴凉、通风的地方，待指针稳定后，就可根据指针所指位置直接读出空气的相对湿度
自记湿度计	由毛发湿度计及自动记录设备组成	可连续记录仓库中湿度的变化情况	在对湿度条件要求非常严格的库房中，可以使用自记湿度计，这样可测得每天或每周任意一段时间内湿度变化的详细数据，为分析研究湿度变化规律提供可靠依据 自记湿度计的使用方法与自记温度计基本相同，也包括上发条、换纸、加墨等工作

(4) 仓库温度、湿度的控制调节方法

控制调节仓库温度、湿度比较有效的方法是将密封、通风与除湿相结合，具体见表3—5。

表3—5　　仓库温度、湿度的控制调节方法

调控方法	含义	具体方法	注意事项
密封	把货品封闭起来，减小外界影响，以达到防潮、防热、防干裂、防冻和防熔化的目的	整库密封。适于数量大、整出整进或进出不频繁的仓库 按垛密封。适于露天存放的易生锈货品 货架密封。适于出入频繁、怕潮、易锈和易霉的小件货品 按件密封。适于皮革、金属制品、乐器和仪表制品等货品	密封前要检查货品质量、温度和含水量是否正常，如发现生霉、生虫、发热等现象就不能进行密封。发现货品含水量超过安全范围或包装材料过潮，也不宜密封 密封的时间要根据货品的性能和气候情况来决定。怕潮、怕熔化、怕霉的货品应选在相对湿度较低的时节进行密封 常用的密封材料有塑料薄膜、防潮纸、油毡纸、芦席等。密封材料必须干燥、清洁、无异味
通风	利用库内、库外空气温度不同形成的气压差，使空气对流，达到调节库内温度、湿度的目的	自然通风。开启库房门窗和通风口，让库房内外空气自然交换 机械通风。利用通风机械所产生的压力或吸引力，使库内外空气形成压力差，从而强迫库内空气发生循环、交换和排除，达到通风的目的	尽量利用自然通风，当自然通风不能满足要求时再考虑机械通风 在利用自然通风除湿时，注意避免通风产生的副作用 机械通风多采用排出式设备，即在排气口安装排风扇。但对产生易燃、易爆气体和腐蚀性气体的仓库，应采用吸入式设备 通风机械应根据实际需要选择，并考虑经济实用性 通风与密封要相结合。通风进行到一定时间，达到通风目的后，应关闭门窗和通风孔，使仓库处于相对密封状态
除湿	利用干燥剂或机械设备排除空气中的水分，降低库内相对湿度	机械除湿。把库内的潮湿空气通过抽风机吸入除湿机冷却器内，使它凝结为水而排出 干燥剂除湿。将氧化钙、氯化钙、硅胶、木炭等放在仓库中，使其自然与空气接触，进行除湿	在梅雨季节或阴雨天，当库内湿度过大，不适宜货品保管，而库外湿度也过大，不适宜进行通风、除湿时，要在密封库内用除湿的办法降低库内湿度 除湿机一般适用于储存棉布、针棉织品、贵重百货、药品、仪器、电子器材和烟糖类货品的仓库除湿

四、防霉防腐

1. 影响霉腐微生物生存的外界条件

（1）水分和空气湿度

当空气相对湿度达到75%以上时，霉腐微生物容易大量生长繁殖，一般把75%的相对湿度称为货品霉腐临界湿度。水果、蔬菜等本身含水较多，适宜储存的相对湿度为85%～90%，但温度不宜过高。

（2）温度

最适合霉腐微生物生长的温度大多为25～37℃，霉腐微生物在10℃以下不易生长，45℃以上停止生长。

（3）光线

霉腐微生物在日光直射下，大部分1～4h就能死亡。所以，一般存放在阴暗地方的货品容易霉腐。

（4）溶液浓度

多数微生物不能在浓度很高的溶液中生长。浓度很高的溶液能使微生物的细胞脱水，造成质壁分离，使其失去活动能力甚至死亡。

（5）空气成分

多数霉腐微生物（特别是霉菌）在有氧条件下才能正常生长，因此如果改变货品储存环境的空气成分，如使二氧化碳逐渐增加，使氧气逐渐减少，那么微生物的生命活动能力就会受到抑制，甚至死亡。

常见易霉腐货品见表3—6。

表3—6　　常见易霉腐货品

分类	货品
食品	糖果、饼干、糕点、饮料、罐头、肉类、鱼类和鲜蛋类
日用品	化妆品
药品	含较多淀粉的片剂、粉剂、丸剂，以糖液为主的各种糖浆，以蜂蜜为主的蜜丸，以动物胶为主的膏药，以葡萄糖等溶液为主的针剂等
皮革及其制品	皮鞋、皮包、皮箱和皮衣等
纺织品	棉、毛、麻、丝等天然纤维及其制品
工艺品	竹制品、木制品、草制品、绢花、面塑、绒绣等

2. 预防货品霉腐的方法

(1) 温控法

常用的提高温度防霉腐方法是日光暴晒，日光中含有大量的紫外线，能直接杀灭霉菌。另外，也可以在库房内安装紫外线灯定期照射，进行环境消毒防霉，适用此方法的仓库有纸烟库、中药材库、农副产品库等。

低温冷藏是利用液态氨、天然冰或人造冰以及冰盐混合物等制冷剂降低温度，或将货品放置在专门的冷藏库中，保持其所需的低温。鲜肉、鲜鱼、鲜蛋、水果和蔬菜多采用低温冷藏进行长期保存。例如，鲜蛋一般在－1℃的环境下保存，果蔬的保存温度为0～10℃，鱼、肉等在－28～－16℃条件下可长期储存。

(2) 湿控法

此方法通过控制空气的湿度来影响微生物体内水分，使其体内水分减少，达到抑制其生长的目的。例如，对一些容易发生霉腐的货品，可以通过通风、摊晾、日晒或烘烤等方法使其水分蒸发。

(3) 化学方法

此方法是把抑制微生物生长的化学药物放在货品或包装内以预防霉腐。常用的防腐剂有水杨酰苯胺、多菌灵、多聚甲醛、托布津等。化学除氧剂可使包装内氧浓度降到0.1%以下，从而达到防止发生霉腐的目的，以铁粉为主成分的化学除氧剂效果最好。

(4) 气相防霉腐法

此方法通过控制环境中空气各成分的含量并结合适度的低温，使货品处于半休眠状态，以达到保鲜防腐的目的。此方法适用于粮食、农副土特产品、中药材、副食品、果品、蔬菜、竹木制品、皮革制品以及棉、毛、丝、麻织品等。

(5) 物理方法

此方法利用紫外线杀灭货品表面的霉菌，利用微波使霉腐微生物体内温度上升而被杀灭，或者利用放射性同位素释放的各种射线来照射易腐货品，起到防霉腐的作用。

(6) 加强仓储环境管理

加强仓储环境管理，控制霉腐微生物生长繁殖的条件，可以减少霉腐微生物对货品的破坏，这是预防货品霉腐的关键。

3. 霉腐货品的救治

如果发现货品霉腐，且霉腐程度还不是很严重，可以采取适当的方法进行救治。救治方法一般为除湿、灭菌及刷霉。

常见的除湿方法有暴晒、摊晾及烘烤三种。

常用的灭菌方法主要有药剂熏蒸灭菌、紫外线灭菌及加热灭菌三种。

发生霉变的货品经过上述方法处理后，货品自身水分含量已降低，霉菌也被杀死，可以用毛刷将货品上的霉迹刷除，从而使货品恢复原有面貌。

五、防治虫害

仓库虫害的防治是货品养护一项十分重要的工作。仓库害虫的种类很多，世界上已定名的有500多种，我国发现近200种，而且这些害虫往往具有适应性强、食性广杂、繁殖力强、活动隐蔽的特点。

1. 仓库内害虫的来源

仓库内害虫的来源主要有：①货品入库前已有害虫潜伏在货品之中；②货品包装材料内隐藏害虫；③运输工具带来害虫，例如，装运过带有害虫的粮食、皮毛等货品的车船中就可能潜伏着害虫，由此再蔓延到其他货品上；④仓库内本身隐藏有害虫；⑤仓库环境不整洁，库内杂物、垃圾等未及时清理，由此潜有并滋生生活害虫；⑥已生虫货品影响了邻近仓库、货垛没有生虫的货品；⑦仓库外部环境影响，例如，田野、树木上的害虫进入地处郊外的仓库，侵害存储货品。

2. 仓库内害虫的防治

（1）物理防治

物理防治是指利用物理因素破坏害虫的生理机能与机体结构，使其不能生存或抑制其繁殖，常用的方法有灯光诱集、高温杀虫、低温杀虫、电离辐射杀虫、微波杀虫。

（2）化学防治

化学防治是指利用化学药剂直接或间接毒杀害虫，常用药剂有杀虫剂、熏蒸剂、驱避剂等。

六、防锈

受温度、湿度、氧气、有害气体、货品包装、灰尘等因素的影响，金属制品经常会发生锈蚀现象。

1. 金属制品的防锈措施

（1）控制环境

1）选择合适的保存场地。金属货品保存时，应该远离产生有害气体和粉尘的厂房建筑，而且要与酸、碱、盐等化学货品分开存放。

2）入库严格检查。金属货品入库时要进行严格检查，并清除其表面的水迹、油污、泥灰等脏物。已有锈迹的货品要立即除锈。

3）采用合理的堆码及苫垫方法，减少金属锈蚀的概率。

4）控制仓库的湿度。

（2）隔离金属货品

数量少、保管要求较高的金属货品一般采用涂油防锈法（在金属表面涂刷一层油脂，使金属表面与空气和水隔绝）和气相防锈法（利用挥发性缓蚀剂在常温下挥发出的缓蚀气体阻隔腐蚀介质的腐蚀）防锈。

2. 除锈的方法

（1）手工除锈

用简单的除锈工具，通过手工擦、刷、磨等操作，除去金属货品上的锈斑、锈痕。

（2）机械除锈

通过专用机械设备使用特定方法进行除锈，一般有抛光法、钢丝轮除锈法和喷射法三种。

（3）化学除锈

利用能够溶解锈蚀物的化学品，除去金属制品表面上的锈迹。

七、仓库“6S”管理

为了使仓库货品堆放整齐，工作人员安全操作，仓库可进行“6S”管理。“6S”管理是指通过整理、整顿、清扫、清洁货品，制定工作规范，结合不定期的检查，责成单位负责人定期改进，并且定期对仓库管理员进行轮训，强化其职业素养和安全的工作意识，使仓库货品堆放整齐、库容整洁，确保安全作业。

1. 整理

整理是对货品进行区分和归类，将经常使用的货品放在使用场所附近，不经常使用或很少使用的货品放在高处、远处或仓库中去。其目的是腾出更大的空间，防止货品混用、误用，创造一个干净整洁的工作环境。整理的工作内容如图 3—1 所示。

2. 整顿

整顿是把有用货品按规定分类摆放在固定的位置，并配好适当的标志，杜绝乱堆乱放、货品混淆不清、需要的货品找不到等无序现象的发生，使工作场所一目了然，

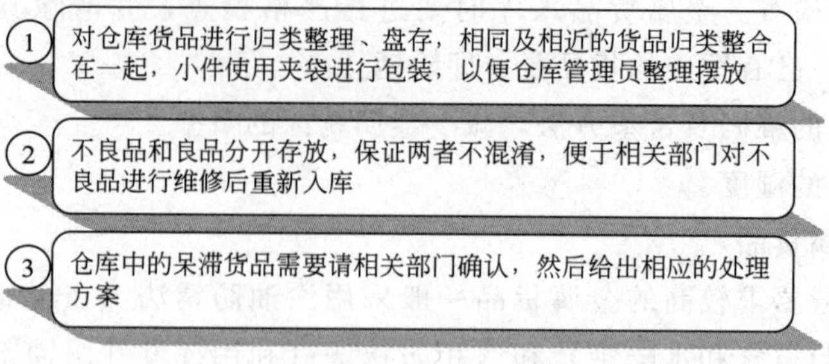

图 3—1 整理的工作内容

创造整齐明快的工作环境，减少寻找货品的时间，清除过多的积压货品。整顿的工作内容如图 3—2 所示。

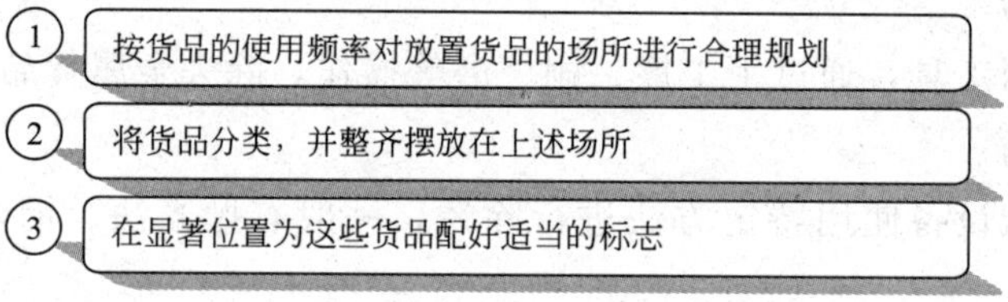

图 3—2 整顿的工作内容

3. 清扫

清扫是将仓库内所有的地方及作业时使用的仪器、设备、工量夹具、货架、材料等打扫干净，使工作场所保持干净、宽敞、明亮。其目的是维护作业安全，减少灾害，保证仓库环境质量。清扫的工作内容如图 3—3 所示。

4. 清洁

清洁主要是指维持和巩固整理、整顿和清扫的效果，保证生产现场任何时候都处于整齐、干净的状态。清洁的工作内容如图 3—4 所示。

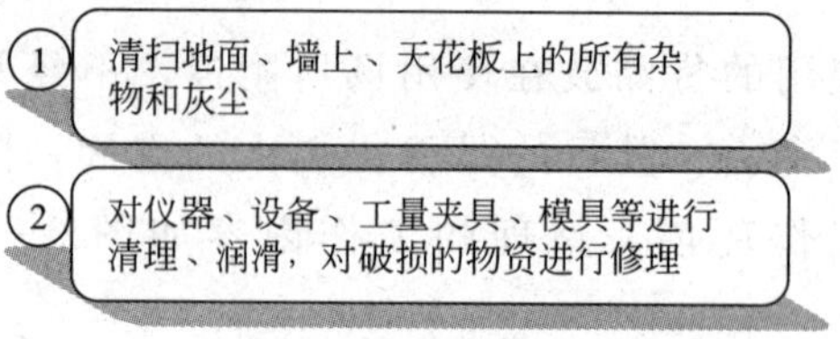

图 3—3 清扫的工作内容

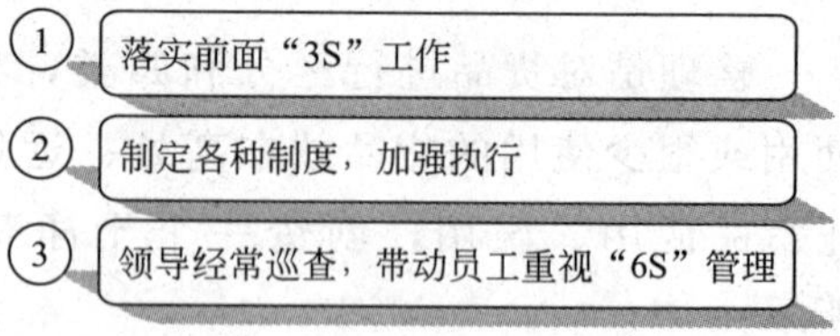

图 3—4 清洁的工作内容

5. 素养

素养是指培养人员整洁有序，自觉执行企业的规定和规则，养成良好的习惯，通过自律提高每一个人的“行为美”水平。例如：员工佩戴厂牌，服装整洁得体，仪容大方；言谈举止文明有礼，对人热情大方；工作精神饱满；搬运货品时小心谨慎，以防碰伤；有团队精神，互帮互助，积极参加“6S”活动；时间观念强等。“素养”是前面的“4S”得以持续、自觉、有序地开展下去的重要保障。素养的工作内容如图 3—5 所示。

6. 安全

安全是指强化安全意识，防患于未然，建立一个安全的生产环境。例如：仓库按安全程度设立安全、危险区域，并显著标识；库工进入特定区域应穿戴必要的安全防护用具（如安全帽、安全鞋等）；按仓库的消防安全级别配备消防设备；安排安全员负责库区内电气设备、易燃易爆货品及其他存在不安全因素货品的日检，以及库区人员设备安全操作的检查，组织相关安全培训等。安全的工作内容如图 3—6 所示。

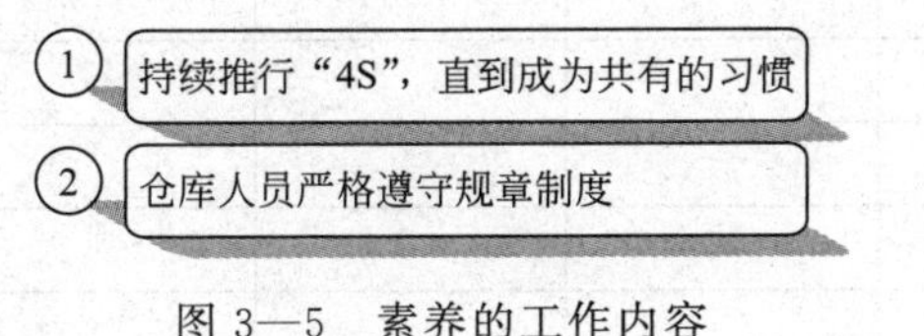

图 3—5　素养的工作内容

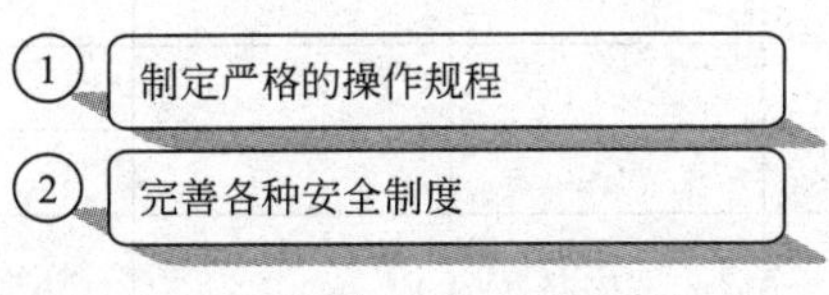

图 3—6　安全的工作内容

任务实施

一、在库检查

按照公司规定，仓库管理员应该在每天早晨 9 点半之前对仓库进行检查，了解和掌握货品在保管过程中的质量变化情况，重点对货品摆放、货品状态、用具管理、作业通道等内容进行检查，检查完毕后填写“仓库检查记录表”（见表 3—7），有问题的货品填写“异常货品情况表”（见表 3—8）。能够解决的问题应及时解决；不能解决的，应及时通知仓库主管；仓库主管不能解决的，应向上级汇报。

表 3—7　　仓库检查记录表

序号	内容	月　日	月　日	月　日	月　日	月　日	月　日	月　日
		星期一	星期二	星期三	星期四	星期五	星期六	星期日
1	货品摆放							
2	货品状态							
3	用具管理							
4	作业通道							

续表

序号	内容	月 日	月 日	月 日	月 日	月 日	月 日	月 日
		星期一	星期二	星期三	星期四	星期五	星期六	星期日
5	库房门窗							
6	库房照明							
7	库房清洁							
8	标志内容							
检查人签字								

表 3—8　　异常货品情况表

序号	货品编码	货品名称	异常情况	货品数量	处理结果	质检员签字
1						
2						
3						
4						
5						

仓库管理员签字：　　　　　　　　　　　　　　　　　　日期：

二、记录并控制温度、湿度

仓库内的温度、湿度是影响仓储货品质量变化的主要环境因素，仓库要用正规的干湿球温度计测量温度和湿度，仓库管理员一般在每天上午 9 点半和下午 1 点半对仓库的温度、湿度进行检查并记录，见表 3—9。当温度、湿度超过要求上、下限时，应及时通知上级主管，根据实际情况及时采取措施将温度、湿度控制在要求的范围内。

表 3—9　　仓库温度、湿度记录表

库房：　　　　　　　　　　　　　　　　　　日期：　　年　　月　　日

检查时间	天气	上午					下午					备注	检查人
		温度（℃）		湿度（%RH）		调节措施	温度（℃）		湿度（%RH）		调节措施		
		库内	库外	库内	库外		库内	库外	库内	库外			

三、防治害虫

货品中如果发现害虫，却没有及时采取措施杀灭，常会造成严重的损失。仓库管理员每天检查仓库时要随时注意是否有害虫存在，如果发现，就必须及时采取措施。若使用杀虫剂，需填写杀虫剂使用记录表（见表 3—10）。

表 3—10　　　　　　　　　　　　杀虫剂使用记录表

仓库名称：

日期	库号	存在问题	杀虫剂名称	喷洒地点	效果	责任人签字

四、防治货品霉腐

霉腐是仓储货品质量变化的主要形式。针对货品发生霉腐的条件，要采取科学的方法对货品进行保管。仓库管理员在防治本库货品霉腐时可采用温控法和湿控法。

五、实行“6S”管理，提升仓库管理水平

定期使用“6S”管理方法检查仓库的业务操作与管理，并填写相应的表格，见表 3—11 和表 3—12。

表 3—11　　　　　　　　　　每周“6S”工作自我确认表

<table>
<tr><td colspan="2">工作区域</td><td colspan="3"></td><td colspan="6" rowspan="2">责任人实施情况</td></tr>
<tr><td colspan="2">责任人姓名</td><td colspan="3"></td></tr>
<tr><td colspan="2" rowspan="2">“6S”及工作实施内容</td><td rowspan="2">清扫部位</td><td rowspan="2">清扫周期</td><td rowspan="2">要点</td><td colspan="6">现场“6S”实施确认表</td></tr>
<tr><td>1</td><td>2</td><td>3</td><td>4</td><td>5</td><td>6</td></tr>
<tr><td>1</td><td>安全隐患</td><td>整体</td><td>2 次/天</td><td>无</td><td></td><td></td><td></td><td></td><td></td><td></td></tr>
<tr><td>2</td><td>升降机等固定设备</td><td>表面</td><td>1 次/天</td><td>无灰尘</td><td></td><td></td><td></td><td></td><td></td><td></td></tr>
<tr><td>3</td><td>地面</td><td>表面</td><td>2 次/天</td><td>无污染</td><td></td><td></td><td></td><td></td><td></td><td></td></tr>
<tr><td>4</td><td>墙面</td><td>表面</td><td>1 次/周</td><td>无破损</td><td></td><td></td><td></td><td></td><td></td><td></td></tr>
</table>

续表

<table>
<tr><td colspan="2">工作区域</td><td colspan="3"></td><td colspan="6" rowspan="2">责任人实施情况</td></tr>
<tr><td colspan="2">责任人姓名</td><td colspan="3"></td></tr>
<tr><td colspan="2" rowspan="2">“6S”及工作实施内容</td><td rowspan="2">清扫
部位</td><td rowspan="2">清扫
周期</td><td rowspan="2">要点</td><td colspan="6">现场“6S”实施确认表</td></tr>
<tr><td>1</td><td>2</td><td>3</td><td>4</td><td>5</td><td>6</td></tr>
<tr><td>5</td><td>工具和零件</td><td>整体</td><td>1次/天</td><td>复位</td><td></td><td></td><td></td><td></td><td></td><td></td></tr>
<tr><td>6</td><td>废料和垃圾</td><td>整体</td><td>2次/天</td><td>及时处理</td><td></td><td></td><td></td><td></td><td></td><td></td></tr>
<tr><td>7</td><td>垃圾桶</td><td>里外</td><td>1次/天</td><td>及时处理</td><td></td><td></td><td></td><td></td><td></td><td></td></tr>
<tr><td>8</td><td>大型设备</td><td>位置</td><td>1次/天</td><td>定位、复位</td><td></td><td></td><td></td><td></td><td></td><td></td></tr>
<tr><td>9</td><td>消防设备</td><td>表面</td><td>1次/周</td><td>无灰尘</td><td></td><td></td><td></td><td></td><td></td><td></td></tr>
</table>

表 3—12　　“6S”状况评估表

<table>
<tr><td rowspan="2">序号</td><td rowspan="2">确认项目</td><td>很好</td><td>好</td><td>一般</td><td>差</td><td>很差</td></tr>
<tr><td>10分</td><td>8分</td><td>6分</td><td>4分</td><td>2分</td></tr>
<tr><td>1</td><td>地面、墙面的灰尘、油污等是否除去</td><td></td><td></td><td></td><td></td><td></td></tr>
<tr><td>2</td><td>有害气体、异味是否除去</td><td></td><td></td><td></td><td></td><td></td></tr>
<tr><td>3</td><td>搬运设备上的污染源是否有处理措施</td><td></td><td></td><td></td><td></td><td></td></tr>
<tr><td>4</td><td>搬运设备等是否泄漏气、水、油等</td><td></td><td></td><td></td><td></td><td></td></tr>
<tr><td>5</td><td>地面是否平滑</td><td></td><td></td><td></td><td></td><td></td></tr>
<tr><td>6</td><td>建筑物是否防风、雨、尘等</td><td></td><td></td><td></td><td></td><td></td></tr>
<tr><td>7</td><td>是否有人在仓库进食、吸烟</td><td></td><td></td><td></td><td></td><td></td></tr>
<tr><td>8</td><td>工作时是否把工作场所弄脏</td><td></td><td></td><td></td><td></td><td></td></tr>
</table>

一周工作结束时，仓库管理员还要按照规定填写仓库周检表（见表 3—13）。

表 3—13　　仓库周检表

仓库名：　　　　仓库主管：　　　　检查人：　　　　日期：　　年　　月　　日

<table>
<tr><td>种类</td><td>检查项目</td><td>检查结果</td><td>原因分析</td><td>维护措施</td><td>执行负责人</td><td>计划完成时间</td><td>效果检查意见</td></tr>
<tr><td rowspan="5">成品</td><td>卫生</td><td></td><td></td><td></td><td></td><td></td><td></td></tr>
<tr><td>温度、湿度控制</td><td></td><td></td><td></td><td></td><td></td><td></td></tr>
<tr><td>害虫防治</td><td></td><td></td><td></td><td></td><td></td><td></td></tr>
<tr><td>堆码</td><td></td><td></td><td></td><td></td><td></td><td></td></tr>
<tr><td>残损</td><td></td><td></td><td></td><td></td><td></td><td></td></tr>
<tr><td rowspan="3">工具设备</td><td>清洁工具</td><td></td><td></td><td></td><td></td><td></td><td></td></tr>
<tr><td>消防工具</td><td></td><td></td><td></td><td></td><td></td><td></td></tr>
<tr><td>温度计、湿度计</td><td></td><td></td><td></td><td></td><td></td><td></td></tr>
</table>

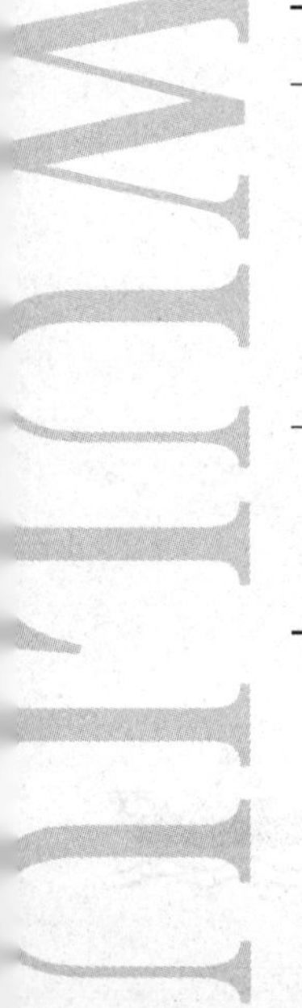

续表

种类	检查项目	检查结果	原因分析	维护措施	执行负责人	计划完成时间	效果检查意见
库房	地板						
	墙壁						
	天花板						
	门						
	窗						
	通风状况						
	照明状况						

技能训练

【训练内容】

ABC 物流公司 5 号库内储存的是某公司纺织类货品，请为其制定相应的保管方案。

【训练要求】

1. 以 3～5 人为一个小组，查阅图书或网络了解所存货品，设计表格填写货品特性。

2. 根据货品保管的一般方法与措施，结合所存货品特性制定相应方案。

3. 将制定的方案以 PPT 形式进行展示。

【训练评价】

货品保管操作技能评价表见表 3—14。

表 3—14　　货品保管操作技能评价表

姓名		评价结果				
评价项目和分值		评价标准	自我评价	小组评价	教师评价	总评
货品特性（20 分）		对货品的特性了解清楚，设计的表格合理				
保管方案（60 分）		养护方案全面，符合货品的特性				
方案展示（20 分）		PPT 制作新颖，能将方案展示清楚，展示过程中语言表达流畅				

任务 2 货品盘点作业

任务引入

2017 年 11 月 20 日，ABC 物流公司接到北京 D 贸易公司信息，要求对其储存在 3 号库内的日用品类、食品类和家电类货品进行全面盘点。试组织完成本次盘点工作。

任务分析

盘点工作是货品在库管理的一项必要工作。要将此项工作做好，必须明确盘点的目的，熟知盘点的流程，做好盘点前的各项准备工作。在盘点过程中按要求对货品进行清点，认真填写盘点的各种资料；在盘点后能够把盘点结果与账面数量信息进行核对，对存在的差异进行分析，并对相应数据做出调整。

相关知识

由于货品不断进出库，库存信息与实际数量容易产生不相符的情况，或者有些货品因存放不当或存放过久，品质受到影响，不能满足客户的需求。为了有效地控制货品数量而对各储存场所进行数量清点的作业，称为盘点作业。

一、盘点作业的目的

1. 准确了解库存量，保证账物相符

货品在一段时间内不断接收与发放，容易产生误差。造成误差的主要原因有：①库存资料记录不准确，如多记、误记、漏记；②库存数量有误，如损坏、遗失、验收与出货清点不准；③盘点方法选择不当，如误盘、重盘、漏盘。通过盘点可以确定货品的现存数量，纠正账物不符的问题，从而不会因账面的差错影响出入库作业。

2. 提高货品管理的绩效

通过盘点可以发现货品的呆账以及废品处理状况、存货周转率、物料保养维修等

方面存在的问题，便于制定改进措施。

3. 计算库存金额，确定企业损益

企业的损益与货品库存金额有着紧密的关系，通过盘点可以确定实际库存量，计算库存金额，为确定企业损益提供依据。

4. 发现遗漏订货，迅速采取订购措施

如发现采购部门因工作的疏忽而漏下订单时，通过盘点可以迅速采取措施加以补救。

二、盘点作业的基本流程

盘点作业一般分为三个阶段，即盘点前的准备与组织，盘点中的工作，盘点后的清查与处理。其一般流程如图 3—7 所示。

- 盘点前的准备与组织
  - 盘点前准备
  - 确定盘点时间
  - 确定盘点方法
  - 培训盘点人员
  - 清理盘点场地
- 盘点中的工作
  - 初盘作业
  - 复盘作业
  - 统计盘点结果
- 盘点后的清查与处理
  - 追查差异原因
  - 上报盘点结果
  - 处理盘点差异

图 3—7　盘点作业的一般流程

1. 盘点前的准备与组织

（1）盘点前准备

为了使盘点作业顺利进行，事先需要做好以下准备工作：①明确盘点的程序方法；②协调好相关部门工作；③准备好盘点用的表格，包括盘点表（见表 3—15）、盘点清册（见表 3—16）和盘点盈亏表（见表 3—17）；④对相同库存货品进行归类，整理物料卡。

表 3—15　　盘点表

日期	内容	备注
盘点单号码		
货品编号		
存放位置		
数量		
盘点人		

续表

日期	内容	备注
盘点单号码		
货品编号		
存放位置		
数量		
复点人		
核对人		

表 3—16　　盘点清册

编号：　　　　盘点时间：

序号	盘点票号	货品编号	品名	规格	单位	初盘数量	复盘数量	确认数量	备注

表 3—17　　盘点盈亏表

编号：　　　　盘点时间：

序号	盘点票号	货品编号	品名	规格	单位	实盘数量	账面数量	差异数量	差异原因

总经理		财务部主管		仓储部主管		制表人	

（2）确定盘点时间

为使账物相符，货品盘点次数越多越好，但实施盘点需投入大量的人力、物力、财力，所以很难做到间隔较短的全面性盘点。在货品流动速度较快的物流中心，既要防止过久盘点可能会给企业造成损失，又要考虑可用资源的限制，因而最好能根据货品的性质确定不同的盘点时间。例如，在对货品进行 ABC 分类的物流中心，一般情况为：A 类主要货品每天或每周盘点一次，B 类货品每两、三周盘点一次，C 类较不重要货品每月盘点一次即可。选择的日期一般会在财务结算前或者淡季。

(3) 确定盘点方法

因盘点场合、要求的不同，盘点的方法也有差异，盘点方法的确定要以尽可能快速而准确地完成盘点作业为基础，同时符合实际需要。盘点方法主要分为账面盘点法和现货盘点法。

1）账面盘点法。账面盘点是将每一种货品分别设账，然后将每一种货品的出入库情况详细记录在账面上，逐笔汇总账面结存数，能够随时从计算机或账册上查询货品的出入库情况和结存量。账面盘点法的记录格式见表3—18。通常量少而单价高的货品比较适合采用这种方法。

表3—18　　账面盘点法的记录格式

品名：						编号：					
请购点：						经济订购量：					
日期		订购		入库			出库		现存		附注
月	日	数量	请购单	数量	单价	价值	数量	货单	数量	总价	

2）现货盘点法。现货盘点就是在库内实际清点货品的数量，根据货品单价计算出库存金额。依据盘点时间的不同，现货盘点又分为期末盘点（见表3—19）及循环盘点（见表3—20）。

表3—19　　期末盘点

概念	在期末一起清点所有货品数量
特点	采取分组的方式进行，一般每组盘点人员至少要三人，以便互相核对，减少错误，彼此约束，避免作弊
步骤	将参加盘点人员分组 由一人先清点所负责区域的货品，将清点结果填入各货品盘点表的上半部。盘点表见表3—15 由第二人复点，填入盘点表的下半部 由第三人核对，检查前两人的记录是否相同且正确 将签字后的盘点表和盘点清册交给财务部门 将盘点结果与账册资料进行对照

表 3—20 **循环盘点**

<table>
<tr><td>概念</td><td colspan="2">每天或每周做少种少量的盘点，一个循环周期内每项货品至少完成一次盘点。最常用的单据为现品卡（见表 3—21）和循环盘点单（见表 3—22）。现品卡的使用方式为：每次出入库一边查看出入库传票，一边把相关内容登记在现品卡上</td></tr>
<tr><td>特点</td><td colspan="2">由于一次只做少量盘点，需专人负责；能减少损失并对不同货品实行不同的管理方式</td></tr>
<tr><td rowspan="2">步骤</td><td>单纯清点数量步骤</td><td>确定当天盘点的货品
由专门人员负责，利用空余时间到现场清点这些货品的实际库存数量
核对盘点货品在计算机上记录的库存数量
对照结果，若发现上述两个库存数量没有差异，则不做改动；若发现有差异，则调查原因，并及时做出修正</td></tr>
<tr><td>使用现品卡步骤</td><td> 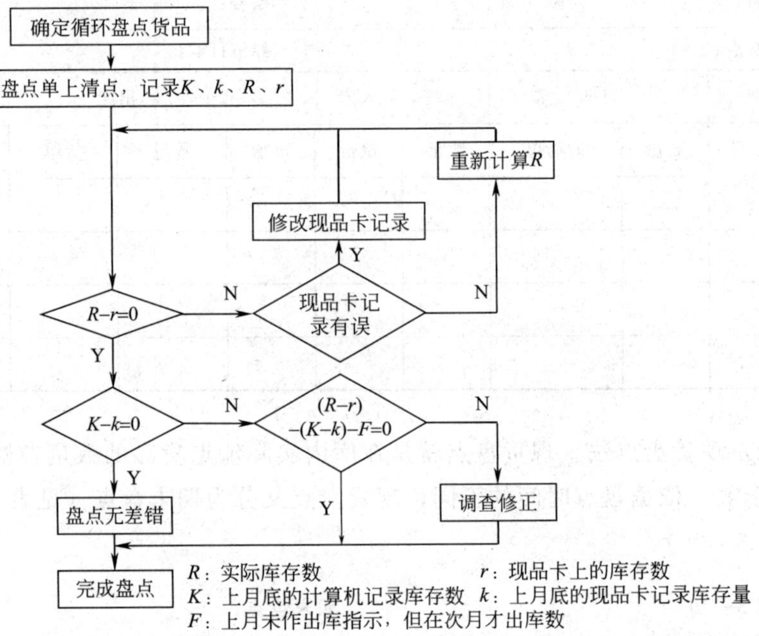确定循环盘点货品
在循环盘点单上清点，记录K、k、R、r
$R-r=0$（Y / N）
现品卡记录有误（Y / N）
修改现品卡记录
重新计算R
$K-k=0$（Y / N）
$(R-r)-(K-k)-F=0$（Y / N）
盘点无差错
调查修正
完成盘点
R：实际库存数　r：现品卡上的库存数
K：上月底的计算机记录库存数　k：上月底的现品卡记录库存量
F：上月未作出库指示，但在次月才出库数</td></tr>
</table>

表 3—21 **现品卡**

货品编号					
货品名称			交货单位		
存放位置			包装单位		
日期	出入库地点	传票编号	入库数	出库数	库存数

表 3—22　　　　　　　　　　　　　　循环盘点单

No. ________　　　　　　　　　　　　　　　　　　　日期：　　　年　　　月　　　日

	项目	符号	初次检查	再检查	误差理由
当日库存	实际库存数	R			
	现品卡记录库存数	r			
	差额	$R-r$			
	计算机记录库存数	K			
上月末库存	现品卡记录库存数	k			
	差额	$K-k$			
	上月未作出库指示，但在次月才出库数	F			
对照公式	$(R-r)-(K-k)-F$		——	——	
判定	=0 无误差，不调查 ≠0 有误差，调查				
异常出入库	过剩数	不足数	发现部门	理由	

期末盘点与循环盘点的比较见表 3—23。

表 3—23　　　　　　　　　　期末盘点与循环盘点的比较

比较项目	期末盘点	循环盘点
盘点时间	期末，每年仅数次	平时，每天或每周一次
所需时间	长	短
所需人员	全体人员或临时雇用人员	专门人员
盘差情况	多且发现得晚	少且发现得早
对营运的影响	须停止作业数天	无
对品项的管理	相同	A 类重要货品：仔细管理 C 类不重要货品：一般管理
盘差原因追查	不易	容易

(4) 培训盘点人员

要使盘点工作顺利进行，盘点时必须有相应人员协助，对协助人员要进行有效组织和短期训练，并进行分工。人员的培训包括两部分，一是货品识别培训，二是盘点方法培训。

1) 对复盘与监盘人员进行货品识别培训。复盘与监盘人员对货品大多并不熟悉，因此要加强其对货品的认识，以利于盘点工作的进行。训练时，每次盘点所分配的货品最好相同或相似，减少每次盘点的变动数。

2）对所有人员进行盘点方法培训。仓库的盘点程序与办法确定后一般即成为制度，对于参加盘点的所有人员，都要进行盘点程序、盘点方法、盘点表格填写等方面的培训，充分了解盘点整个过程，盘点工作才能顺利进行。

（5）清理盘点场地

盘点场地就是仓库的保管现场，盘点作业开始前要对其进行整理，从而提高盘点作业的效率和盘点结果的准确性，清理工作主要包括以下几方面的内容：①在盘点前，明确仓库内货品的归属；②场地关闭前，要将需要出库的货品提前做好准备；③对场地进行清理整顿；④对呆料、废品、不良品进行预先鉴定，以便盘点时进行确定；⑤整理好账卡、单据、资料；⑥仓库管理员在盘点前应自行预盘，以便提早发现问题并加以预防。

2. 盘点中的工作

到达确定的盘点时间后，盘点的仓库停止出入库的各种操作。在盘点期间，盘点人员要认真核对实物的品名、数量、编号，做到盘点工作准确无误。

（1）初盘作业

初盘作业一般由两人进行，一人点数，另一人记录，填写盘点表。盘点表一般一物一表，一式三联，一联贴于货品上，另两联转交复盘人员。另外，初盘负责人还需要组织专人根据盘点表的信息填写盘点清册。盘点清册一式三联，一联存于仓库，另两联转交复盘人员。

（2）复盘作业

初盘结束后，复盘人员在各负责人带领下进入盘点区域，复盘既可采用全面复盘也可采用抽盘，但抽盘比例不得低于30%。抽盘时可以采用由账至物或者是由物至账的形式。由账至物就是在盘点清册上随意抽出若干项目，逐一到现场核对，检查盘点清册、盘点表与实物三者是否一致。由物至账就是在现场随意指定一种货品，再由此回查盘点清册、盘点表，看三者是否一致。

对于复盘没有问题的项目，复盘人员在盘点表和盘点清册上签字；有问题的项目，复盘人员要与初盘人员、仓库管理员一起再次进行盘点，修改盘点表、盘点清册并签字。复盘人员将签好字的两联盘点表及盘点清册一并上交财务部门。

（3）统计盘点结果

将盘点所得库存货品实存数与库存账进行核对，实存数大于账面数为盘盈，实存数小于账面数为盘亏。

3. 盘点后的清查与处理

若盘点发现实存数量与账面不符，仓库管理员要分析差异原因，将盘点结果上报管理部门，并根据管理部门的批示调整账面数量。

(1) 追查差异原因

追查盘点差异产生原因的步骤如图 3—8 所示。

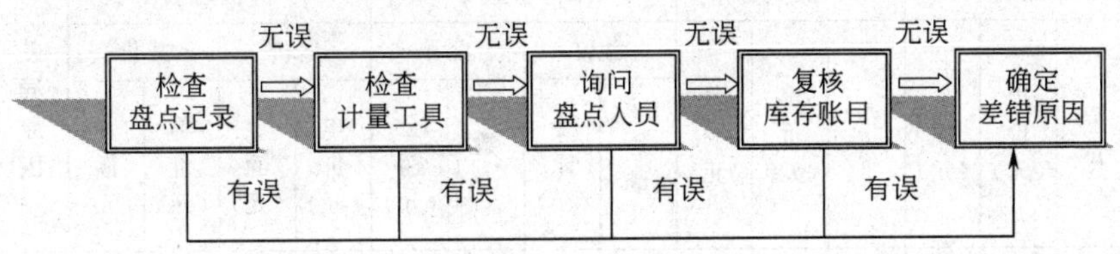

图 3—8 追查盘点差异产生原因的步骤

1) 检查盘点记录。当盘点发现差异时，仓库管理员应该首先核对盘点时的单据，以确定盘点差异是否是由于盘点工作中的计数差错或记录差错造成的。

2) 检查计量工具。对盘点时采用的计量工具进行检查，以确定是否因计量工具不准而形成盘点差异。

3) 询问盘点人员。通过询问盘点人员，确定其是否有不遵循盘点工作步骤操作或漏点、复点等情况。

4) 复核库存账目。通过复核库存账目及记账凭证，检查记账过程中是否按凭据记录，有无重复记录、记录差错等情况。

5) 确定差错原因。如果经过上述步骤仍不能发现产生差异的原因，则可判断是由于盗窃、丢失、贪污等原因产生的库存差错。仓库管理员在日后的管理工作中应当加强防范。

(2) 上报盘点结果

为了使管理部门及时了解库存情况，仓库管理员应该依据盘点的结果，分析差异产生的原因并制定对策，填写盘点盈亏表，并请上级主管部门就盘点差异的处理进行批示。

(3) 处理盘点差异

对经上级主管部门领导审核批准后的盘点差异进行处理，要填写货品盘点盈亏调整表（见表 3—24），并对库存账目和保管卡进行调整。

三、盘点作业的考核

盘点的主要目的是检查货品的出入库及保管情况，借助盘点来了解相关问题，例如，盘点的实际库存量与账面库存量的差异是多少？差异出现在哪些货品？平均每一差异量对企业造成多大影响？每次循环盘点中，有几次确实存在误差？平均每品项货品发生误差的次数是多少？

表 3—24　　货品盘点盈亏调整表

日期：　　年　　月　　日

<table>
<tr><td rowspan="3">货品名称</td><td rowspan="3">单位</td><td colspan="3">账面资料</td><td colspan="3">盘点实存</td><td colspan="4">库存量盈亏</td><td colspan="4">价格增减</td><td rowspan="3">差异原因</td><td rowspan="3">调后数量</td><td rowspan="3">备注</td></tr>
<tr><td rowspan="2">数量</td><td rowspan="2">单价（元）</td><td rowspan="2">金额（元）</td><td rowspan="2">数量</td><td rowspan="2">单价（元）</td><td rowspan="2">金额（元）</td><td colspan="2">盘盈</td><td colspan="2">盘亏</td><td colspan="2">增价</td><td colspan="2">减价</td></tr>
<tr><td>数量</td><td>金额（元）</td><td>数量</td><td>金额（元）</td><td>单价（元）</td><td>金额（元）</td><td>单价（元）</td><td>金额（元）</td></tr>
<tr><td></td><td></td><td></td><td></td><td></td><td></td><td></td><td></td><td></td><td></td><td></td><td></td><td></td><td></td><td></td><td></td><td></td><td></td><td></td></tr>
<tr><td></td><td></td><td></td><td></td><td></td><td></td><td></td><td></td><td></td><td></td><td></td><td></td><td></td><td></td><td></td><td></td><td></td><td></td><td></td></tr>
<tr><td></td><td></td><td></td><td></td><td></td><td></td><td></td><td></td><td></td><td></td><td></td><td></td><td></td><td></td><td></td><td></td><td></td><td></td><td></td></tr>
<tr><td colspan="4">财务部门</td><td colspan="5"></td><td colspan="3">使用部门</td><td colspan="7"></td></tr>
<tr><td colspan="4">仓库主管</td><td colspan="3"></td><td colspan="5">货品所属企业主管</td><td colspan="3"></td><td colspan="2">制表人</td><td colspan="2"></td></tr>
</table>

为了保证高质量地完成盘点作业，可以通过以下五项指标来对盘点作业进行考核评价，见表 3—25。

表 3—25　　盘点作业考核评价表

指标	计算公式	说明
盘点数量误差率	$\frac{\text{盘点误差量}}{\text{盘点数量}}$	盘点数量误差率通常与盘点品项误差率进行比较分析 盘点数量误差率高而盘点品项误差率低，说明发生误差的货品品项减少，但每一发生误差的品项数量却有增加趋势。此时应检查负责这些品项货品的人员是否尽责，这些货品的置放区域是否得当，以及有无必要加强管理
盘点品项误差率	$\frac{\text{盘点误差品项数}}{\text{盘点实施品项数}}$	盘点数量误差率低而盘点品项误差率高，说明整个盘点误差量有减少趋势，但发生误差的货品种类却增多了。这会使后续的更新修正工作量变大，还可能会影响出货速度，因此需要加强这方面的管理
平均盘差品金额	$\frac{\text{盘差误差金额}}{\text{盘差误差量}}$	若此项指标过高，表示高价位货品的误差发生率较大，最好对货品实施 ABC 分类管理
盘差次数比率	$\frac{\text{盘点误差次数}}{\text{盘点执行次数}}$	若此项指标低，表示不论货品出入库的精确度还是平时存货管理的方式都有进步
平均每品项盘差次数率	$\frac{\text{盘差次数}}{\text{盘差品项数}}$	若此项指标高，表示盘点发生误差的情况大多集中在相同的品项，需要对这些品项加以注意，查找导致误差的原因

任务实施

一、盘点前的各项工作

1. 盘点前准备

负责D贸易公司货品管理的仓库管理员对库存相同货品进行了归类，并对物料卡进行了整理，准备了盘点表（见表3—15）、盘点清册（见表3—16）及盘点盈亏表（见表3—17）。

2. 确定盘点时间

ABC物流公司将盘点时间定在两天后，时间为1天，并将此时间通知给D贸易公司，要求他们在盘点期间不要送货或提货。

3. 确定盘点方法

盘点的方法定为现货盘点，分日用品区、食品区和家电区3个小组进行。每个小组各负责一个区域，小组由三人组成，第一人负责初盘，第二人负责复盘，第三人负责核对。分工完成后由经验丰富的仓储主管对盘点人员进行了相应的培训。

二、实物盘点步骤

1. 初盘

每组先由第一人清点所负责区域的货品，并将清点结果填入各货品的盘点表上半部。在清点过程中，他们分别清点了货品的件数，查验了货品尺寸、重量、表面状况，还挑出了那些外表状况不良、怀疑内部有损坏的货品，将其单独存放。其中一个盘点表见表3—26中的上半部分。

2. 复盘

初盘结束后由第二人复盘，填入盘点表（见表3—26的下半部分），在此期间对于出现的复盘数量与初盘数量不一致情况，两人进行了再次清点，以确定最终数量。

初盘与复盘结果没有问题后，分别将盘点表和盘点清册签字后交财务部门。

表 3—26　　盘点表

日期	2017 年 11 月 22 日	备注
盘点单号码	171122001	
货品编号	691002130	
存放位置	D121	
数量	8 台	
盘点人	张×	
日期	2017 年 11 月 22 日	
盘点单号码	171122001	
货品编号	691002130	
存放位置	D121	
数量	8 台	
复点人	王×	
核对人	李×	

3. 统计盘点结果

将盘点清册上的记录与账面记录进行核对，发现“5L 小天鹅洗衣机”盘点数量为 6 台，账面数量为 7 台。

三、盘点后的各项工作

1. 追查差异原因

仓库管理员对存在差异的货品开始查找原因，通过检查盘点记录、检查计量工具、询问盘点人员、复核库存账目后，发现差异产生的原因是出库时未做单。

2. 上报盘点结果

查找到差异原因后，仓库管理员填写了盘点盈亏表（见表 3—27），并将此表交给上级主管部门，等待批复。

表 3—27　　盘点盈亏表

编号：123456　　盘点日期：2017 年 11 月 22 日

序号	盘点票号	货品编号	品名	规格	单位	实盘数量	账面数量	差异数量	差异原因
1	1711224001	69300341	小天鹅洗衣机	5L	台	6	7	1	出库未做单
总经理		财务部主管		仓储部主管		制表人			

3. 处理盘点结果

填写货品盘点盈亏调整表，送仓储主管，由客户 D 贸易公司负责人确认后，修改账面库存，保证账、卡、货相符。

盘点任务结束后，对盘点前冻结的货品进行解冻，以便货品继续流通。

技能训练

【训练内容】

北京 WM 公司要求对其储存在 ABC 物流公司 5 号库的电子类产品进行盘点检查。请根据上述内容分组完成盘点操作。

【训练要求】

1. 小组讨论确定货品盘点作业的实施方案，并做出合理分工。

2. 列出盘点前需要准备的人员、工具、资料，并按所列项目做好准备工作。

3. 盘点作业时，按照初盘、复盘的操作顺序对货品进行实物盘点，并认真填写盘点的各项表单。

4. 盘点后对盘点清册进行核对，对出现的问题进行分析并做出相应的处理。

5. 根据“盘点作业的考核”中涉及的 5 项指标，对本次盘点进行考核评价。

【训练评价】

盘点作业操作技能评价表见表 3—28。

表 3—28　　盘点作业操作技能评价表

姓名		评价结果				
评价项目及分值		评价标准	自我评价	小组评价	教师评价	总评
盘点前期准备（20 分）		盘点前的各项准备工作充分、具体				
填写盘点表和盘点清册（10 分）		正确填写盘点表和盘点清册				

续表

评价项目及分值	评价标准	自我评价	小组评价	教师评价	总评
复核、填写复盘数据（10 分）	复核认真，数据填写方法正确				
盘点作业（20 分）	作业流程完整，没有遗漏				
盘点差异数据（10 分）	采用正确的复核确认方式处理初盘和复盘有差异的盘点数据				
分析处理盘点盈亏（20 分）	盈亏原因分析合理、全面，用正确的方式处理盘点盈亏数据				
盘点中发现的问题（10 分）	能对盘点中发现的问题提出合理建议				

任务 3　货品分类管理（ABC 分类法）

任务引入

ABC 物流公司的 1 号库内储存货品信息见表 3—29，经过一段时间，存储出现一些问题。例如：饮用水类货品库存周转量很大，但储存货位是 01010109，位于仓库的里面，远离出入口；坚果类货品周转量不大，但储存货位为 01010101，位于出入口附近。为了解决类似问题，公司决定对 1 号库货品实行 ABC 分类，依据货品出入库频率决定货品存放位置。试完成该任务。

表 3—29　　ABC 物流公司 1 号库货品储存信息

序号	货品类别	货品种数	储存位置
1	薯片	16	01020102
2	坚果	17	01010101
3	小食	28	01010306
4	果汁	15	01020203
5	禽肉	16	01020302
6	方便面	26	01020208
7	蛋糕	11	01020401
8	牛奶	10	01030202
9	果冻	14	01030402

续表

序号	货品类别	货品种数	储存位置
10	海苔	9	01030301
11	鱼干	13	01020403
12	肉干、肉松	17	01020202
13	蜜饯	10	01010302
14	饮用水	16	01010109
15	枣	8	01010301

任务分析

库存货品的种类繁多，对其进行管理是一项复杂的工作。如果在管理过程中不分主次，就会导致精力分散，效率低下。要解决任务中的问题，就需要统计所存货品在某一期间的出库数量，并计算总的出库量，进行排序。然后计算出货品种类比例和出库量比例，绘制 ABC 分析图，确定货品类别，对分类后货品的存放位置进行调整。

相关知识

一、库存概述

1. 库存的概念

库存是为生产正常进行或为及时满足客户的订货需求，在生产各个阶段或流通环节之间进行的货品储备。它具有双重性：一方面是生产和生活的前提保障，另一方面又是生产和生活的负担，是资金的占用。企业在进行库存管理时，不仅要支付保管费用，还要承担库存损失和库存风险。因此，库存不能没有，也不能过多。

2. 库存的类型

按库存管理目的的不同，库存分为以下几种类型，见表 3—30。

表 3—30　　库存类型

类型	含义
经常库存	经常库存是为满足日常需求而产生的库存，它衔接和缓冲供需之间在时间上的矛盾，保障经营活动的正常进行，并按一定的数量界限或时间间隔来进行补充
安全库存	安全库存是为防止由于不确定因素影响订货需求而准备的缓冲库存，这种库存约占零售业货品库存的 1/3
季节性库存	季节性库存是为满足在一定的季节中出现的特殊需求而建立的库存，或指对在特定季节生产的货品在出产季节大量收存所建立的库存
加工和运输过程库存	加工过程库存是处于流通加工或等待加工状态而暂时储存的货品库存，运输过程库存是处于运输状态（在途）或为了运输（待运）而暂时储存的货品库存
积压库存	积压库存是指因货品品质出现问题或发生损坏，或者是因没有市场而滞销的货品库存，也包括超额储存的库存
促销库存	促销库存是指为了与企业促销活动相配合而导致的预期销售增加所产生的库存
时间效用库存	时间效用库存是指为了避免货品价格上涨给企业带来亏损，或为了从货品价格上涨中获益而建立的库存

二、货品 ABC 分类与管理

库存货品品种繁多，每个品种的价格不同，库存数量不等，有的货品品种不多但价值很高，而有的货品品种很多但价值不高。为了使有限的时间、资金、人力、物力等资源得到更有效的利用，需将管理的重点放在重要的库存货品上，由此要对库存货品进行分类管理和控制。

1. 货品 ABC 分类的一般步骤

ABC 分类法通常是将库存货品按品种和占用资金的多少划分为三个等级，特别重要的库存为 A 类，一般重要的库存为 B 类，不重要的库存为 C 类，然后针对不同等级的货品进行分别管理和控制。按照货品品种和占用资金进行 ABC 分类的一般步骤如图 3—9 所示。

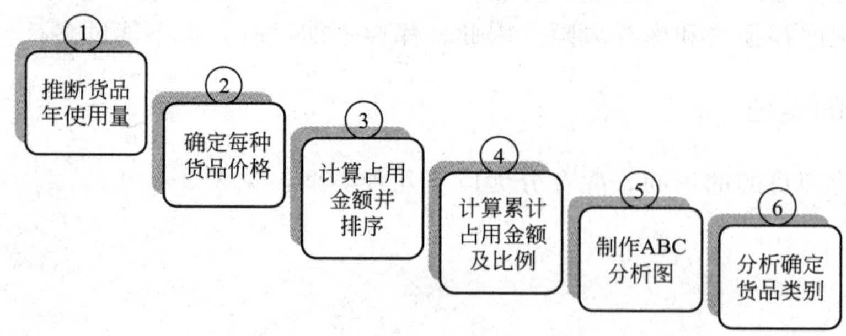

图 3—9　ABC 分类的一般步骤

（1）推断货品年使用量

根据企业的生产计划、某类货品的往年入库与出库数量来推断该类货品的年使用量。

（2）确定每种货品价格

确定货品价格时，要选用统一的计算方法，对全部货品都以进货价格或出货价格计算。

（3）计算占用金额并排序

用货品单价乘以货品年使用量计算出每种货品的年占用金额，并按大小顺序排列全部品种的货品。

（4）计算累计占用金额及比例

按照货品占用金额的大小，将其编号、种数、使用量、单价、占用金额等信息填入货品 ABC 分类表（见表 3—31），并进一步计算出所有货品累计占用的总金额及各种货品占用金额的比例。

表 3—31　　货品 ABC 分类表

序号	货品编号	累计种数	累计种数比例（%）	数量	单价	占用金额	占用金额比例（%）	累计占用金额比例（%）

（5）制作 ABC 分析图

以累计种数百分比为横坐标，累计占用金额百分比为纵坐标，根据货品 ABC 分类表中的相关数据绘制出 ABC 分析图，如图 3—10 所示。

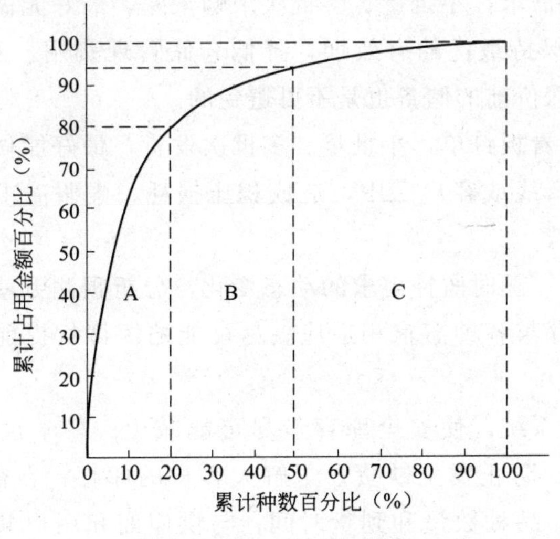

图 3—10　ABC 分析图

（6）分析确定货品类别

一般A类货品的种数占全部货品种数的5%～20%，其价值占总价值的70%～80%；B类货品种数占全部货品种数的30%左右，其价值占总价值的20%～30%；C类货品种数占全部货品种数的50%～70%，其价值占总价值的5%～15%。

以上是按存货价值高低来分类的，对于第三方物流企业来说，货品在物流中心经常处于运动状态，停留时间短，有较高的出入库频率，所以也可以根据货品在物流中心的流动速度将货品分为ABC三类。

2. ABC分类后货品的管理

在对库存货品进行ABC分类之后，需要根据企业的经营策略，对不同级别的库存货品进行不同的管理。

（1）A类货品

A类货品在品种数量上仅占15%左右，但如能管理好它们，就等于管理好了70%左右金额的货品。对生产型企业来说，应该千方百计地降低A类货品的消耗量；对销售型企业来说，就要想方设法增加A类货品的销售额；对仓储管理者来说，就要在保证安全库存的前提下，对A类货品进行小批量、多批次按需储存，尽可能地降低库存总量，减少仓储管理成本和资金占用成本，提高资金周转率。

不科学地降低A类货品库存总量，将会出现缺货风险，导致生产与经营中断，产生重大经济损失。重点管理A类货品的目的就是通过科学的管理，不仅要降低库存，还要保证供给，防止缺货和出现异常情况。

对A类货品的管理应从以下几个方面加强：

1）勤进货。按照需求，小批量、多批次采购入库，最好能做到准时制入库，提高资金周转率，使库存保持最优的有效期，降低仓储管理费用，及时获得降价的收益。当然，季节性储备和涨价前的储备也是不可避免的。

2）勤发料。按照看板订单，小批量、多批次发货，最好能做到准时制出库，避免货品长时间储存在生产线或客户手中，造成积压损耗、虚假需求和超限额库存，这都不利于均衡生产和经营。

3）与用户勤联系。随时监控需求的动态变化，分析预测哪些是日常需求，哪些是临时集中需求，使库存与各种需求相适应。尽可能缩短订货提前期，对交货期限加强控制。

4）恰当选择安全系统，使安全库存量尽可能减少。科学设置最低定额、安全库存、订货点和报警点，防止发生缺货；了解大客户的库存，在需要的时候临时调剂；监控供应商的在途货品品种数量和到货时间；与供应商和用户共同研究替代品，尽可能降低单价；制定应急预案和补救措施。

5）每天进行盘点和检查，货位安排在仓库出口。

（2）B类货品

B类货品应进行次重点的常规管理，包括采用定量订货方法（前置期时间较长），每周进行检查，每月进行盘点，中量采购。

（3）C类货品

C类货品与A类货品相反，品种数众多，所占的金额相对较少。C类货品的管理方法有以下几点：

1）大量采购，获得价格上的优惠。由于所占金额非常小，即使多储备也不会增加太多金额。

2）简化库存管理。如果像A类货品那样管理，成本效益十分不佳，还会影响A类货品的管理。

3）多储备一些关键物料。减少库存报警点，避免发生缺货现象。

4）每月或每季循环盘点一遍。

C类货品管理的原则和A类货品相反，不应投入过多管理力量，只需进行简单库存控制，可采用半年或一年的采购频率，库存记录也不必非常详细。ABC分类管理的要点见表3—32。

表3—32　　ABC分类管理的要点

项目	A类货品	B类货品	C类货品
价值	高	中	低
订货方式	定期订货	定量订货	双堆法
库存计划	详细计划	统计计算	随时进货
安全库存量	低	较高	允许较高
库存记录	详细记录库存数量、金额	主要记录库存数量	主要记录库存金额
盘点时间	每天或每周	每周或每月	每月或每季
保管位置	仓库出入口附近	仓库中间	仓库里面

注：双堆法是将货品分为两堆，首先使用其中一堆，当该堆消耗完就开始订货，并开始使用另一堆。每次订货数量为一堆的数量，不断重复上述操作。

任务实施

对货品按出库频率进行ABC分类。

一、统计货品上半年出库量

统计 ABC 物流公司 1 号库 2017 年 1—6 月货品出库情况，填入表 3—33。

表 3—33　ABC 物流公司 2017 年 1—6 月货品出库情况统计表

序号	货品类别	货品种数	出库量（箱）					
			1 月	2 月	3 月	4 月	5 月	6 月
1	薯片	16	60	0	50	50	50	50
2	坚果	17	0	25	25	0	20	0
3	糖果	28	150	20	0	60	60	50
4	果汁	15	146	42	87	100	97	48
5	禽肉	16	0	37	0	26	0	27
6	方便面	26	975	65	876	276	297	217
7	蛋糕	11	37	7	25	0	27	4
8	牛奶	10	342	56	0	100	17	165
9	果冻	14	30	30	39	25	54	12
10	海苔	9	37	38	25	36	27	17
11	鱼干	13	21	0	0	27	43	39
12	肉干、肉松	17	12	36	25	27	0	20
13	蜜饯	10	60	0	20	0	15	15
14	饮用水	16	1 460	269	570	820	980	451
15	枣	8	36	0	26	0	28	0

二、计算出库量并排序

计算结果见表 3—34。

表 3—34　ABC 物流公司 2017 年 1—6 月货品出库量统计表

序号	货品类别	货品种数	出库量（箱）
1	饮用水	16	4 550
2	方便面	26	2 706
3	牛奶	10	680
4	果汁	15	520
5	糖果	28	340

续表

序号	货品类别	货品种数	出库量（箱）
6	薯片	16	260
7	果冻	14	190
8	海苔	9	180
9	鱼干	13	130
10	肉干、肉松	17	120
11	蜜饯	10	110
12	蛋糕	11	100
13	禽肉	16	90
14	枣	8	90
15	坚果	17	70

三、计算累计出库量及比例

计算结果见表 3—35。

表 3—35　　ABC 物流公司 2017 年 1—6 月货品累计出库情况统计表

序号	货品类别	货品种数	种数比例（%）	累计种数比例（%）	出库量（箱）	出库量比例（%）	累计出库量比例（%）
1	饮用水	16	7.1	7.1	4 550	44.9	44.9
2	方便面	26	11.5	18.6	2 706	26.7	71.6
3	牛奶	10	4.4	23.0	680	6.7	78.3
4	果汁	15	6.6	29.6	520	5.1	83.4
5	糖果	28	12.4	42.0	340	3.4	86.8
6	薯片	16	7.1	49.1	260	2.6	89.3
7	果冻	14	6.2	55.3	190	1.9	91.2
8	海苔	9	4.0	59.3	180	1.8	93.0
9	鱼干	13	5.8	65.0	130	1.3	94.3
10	肉干、肉松	17	7.5	72.6	120	1.2	95.5
11	蜜饯	10	4.4	77.0	110	1.1	96.6
12	蛋糕	11	4.9	81.9	100	1.0	97.5
13	禽肉	16	7.1	88.9	90	0.9	98.4
14	枣	8	3.5	92.5	90	0.9	99.3
15	坚果	17	7.5	100.0	70	0.7	100.0
合计		226	100	—	10 136	100	—

四、制作 ABC 分析图

以累计种数百分比为横坐标，累计出库量百分比为纵坐标，根据 ABC 分类表中的相关数据绘制出 ABC 分析图，如图 3—11 所示。

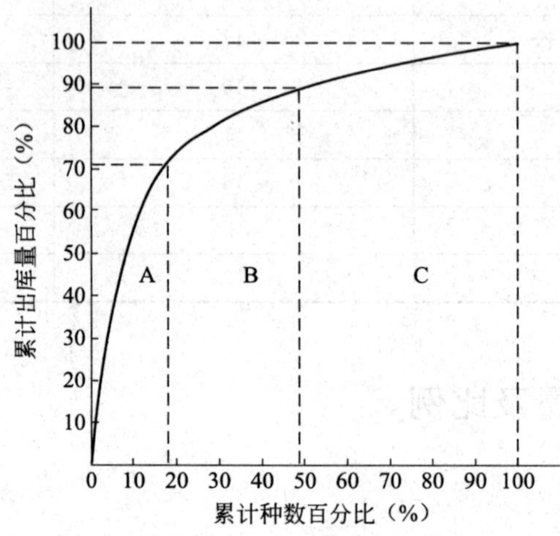

图 3—11 ABC 分析图

五、分析确定货品类别

分析结果见表 3—36。

表 3—36 ABC 分类分析表

序号	货品类别	种数比例（%）	累计种数比例（%）	出库量比例（%）	累计出库量比例（%）	ABC 分类
1	饮用水	7.1	7.1	44.9	44.9	A
2	方便面	11.5	18.6	26.7	71.6	A
3	牛奶	4.4	23.0	6.7	78.3	B
4	果汁	6.6	29.6	5.1	83.4	B
5	糖果	12.4	42.0	3.4	86.8	B
6	薯片	7.1	49.1	2.6	89.3	B
7	果冻	6.2	55.3	1.9	91.2	C
8	海苔	4.0	59.3	1.8	93.0	C
9	鱼干	5.8	65.0	1.3	94.3	C

续表

序号	货品类别	种数比例（%）	累计种数比例（%）	出库量比例（%）	累计出库量比例（%）	ABC 分类
10	肉干、肉松	7.5	72.6	1.2	95.5	C
11	蜜饯	4.4	77.0	1.1	96.6	C
12	蛋糕	4.9	81.9	1.0	97.5	C
13	禽肉	7.1	88.9	0.9	98.4	C
14	枣	3.5	92.5	0.9	99.3	C
15	坚果	7.5	100.0	0.7	100.0	C

对进行 ABC 分类后的货品按以下原则调整储存位置：

将 A 类货品放在靠门口及通道位置的货架底层，便于存取和出入库；将 C 类货品放在角落或距离门口和通道远一些的货架高层；将 B 类货品置于 A 类和 C 类货品之间。

技能训练

【训练内容】

某公司库存货品单见表 3—37，采用 ABC 分类法对其进行分类。

表 3—37　　某公司库存货品单

序号	货品名称	种数	金额（万元）
1	火工产品及放射性材料	48	1 264.00
2	石油专用仪器仪表	100	841.90
3	电工材料	25	72.52
4	电子工业产品	52	71.26
5	劳动防护用品	56	53.25
6	油品	14	48.69
7	轻纺产品	17	47.92
8	橡胶及其制品	10	46.60
9	重型汽车配件	103	31.52
10	杂品	63	25.02
11	通用化工产品	8	11.17
12	内燃机及拖拉机配件	30	9.47
13	一般汽车配件	62	9.24
14	工具器具	84	8.45
15	日用电器	48	5.26
小计		720	2 546.28

【训练要求】

1. 小组讨论确定ABC分类的依据。
2. 将所需数据输入Excel表中进行相应计算。
3. 将货品分为A、B、C三类，并说明原因。
4. 根据分类给出管理的建议。

【训练评价】

ABC分类技能评价表见表3—38。

表3—38　　ABC分类技能评价表

姓名		评价结果				
评价项目及分值		评价标准	自我评价	小组评价	教师评价	总评
信息收集（25分）		收集的信息准确、详细				
数据分析（30分）		数据分析、计算准确				
分类（20分）		按统计出的结果合理分类				
分类后的管理（25分）		对分类后货品管理的建议合理				

任务4　在库作业综合实训

实训内容1　补货作业

2017年8月10日上午，ABC物流公司海星1号库房的仓库管理员在查看库存时发现，电子拣货区“贝壳袖扣”这个货品目前的库存量为15个，低于安全库存，该货品的补货配置信息见表3—39。仓库管理员上报主管后，主管下达补货指令。

表3—39　　补货配置信息

货品名称	库房	区编码	储位编码	补货点	最大库存	包装单位
贝壳袖扣	海星1号	电子拣选区	A00006	16	25	个

要求：按照要求，使用仓储管理系统完成补货作业。

实训准备

准备配有仓储管理系统的计算机、RFID手持终端设备、搬运设备、托盘、货品条码、托盘标签、储位标签、弹簧刀、胶带等。

对人员进行分组。每组信息员1人，负责信息的录入；理货员1人，负责补货作业；搬运员1人，负责货品搬运作业。

维护货品信息、储位存放规格信息，打印并粘贴货品条码、托盘标签，设定补货点的信息。

实训操作

一、生成补货作业单

信息员登录仓储管理系统，依次点击“订单管理系统”“订单管理”“订单录入”“补货订单”，进入补货作业界面，如图3—12所示。点击“新增”，按照补货指令录入相关信息后，点击图3—13中的“生成补货单”，进入图3—14所示界面，点击“补货作业单提交”，完成补货作业单操作。

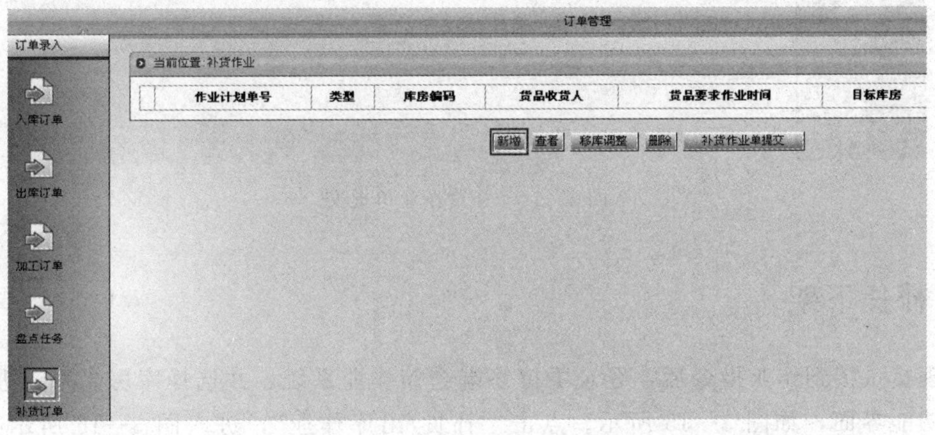

图3—12　新增补货作业单

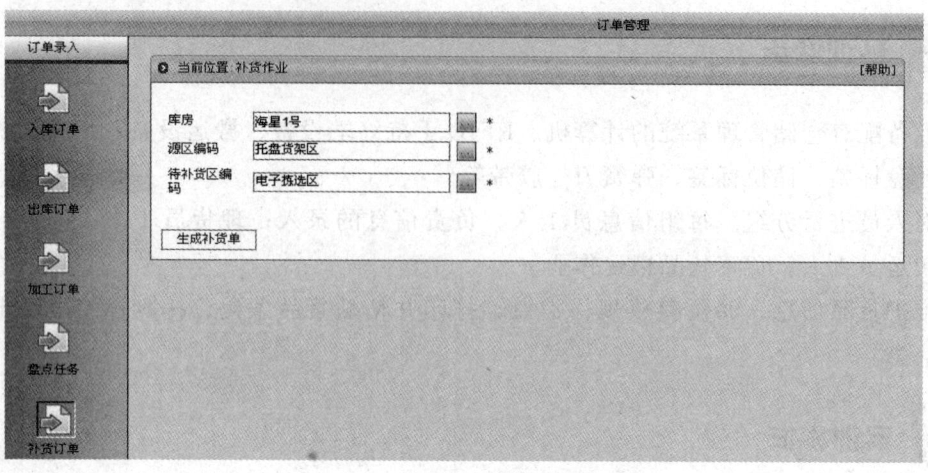

图 3—13　生成补货单

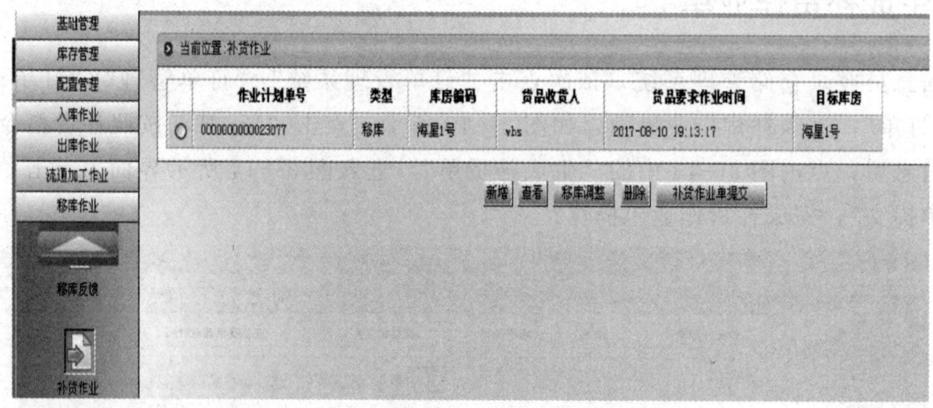

图 3—14　补货作业单提交

二、补货下架

理货员接到作业指令后，登录手持终端仓储作业系统，并选择库房名称，进入系统主功能界面，如图 3—15 所示。点击“补货/出库作业”，进入图 3—16 所示界面。点击“下架作业”，进入图 3—17 所示界面。根据系统提示的储位信息，采集该储位放置的托盘标签信息。

信息采集成功后，系统自动显示默认拣货数量和储位信息，如图 3—18 所示。

理货员用手持终端采集储位信息，核对补货下架数量无误后，在图 3—18 中点击“确认下架”，此时手持终端中的待下架列表为空，表示货品已经下架完毕。

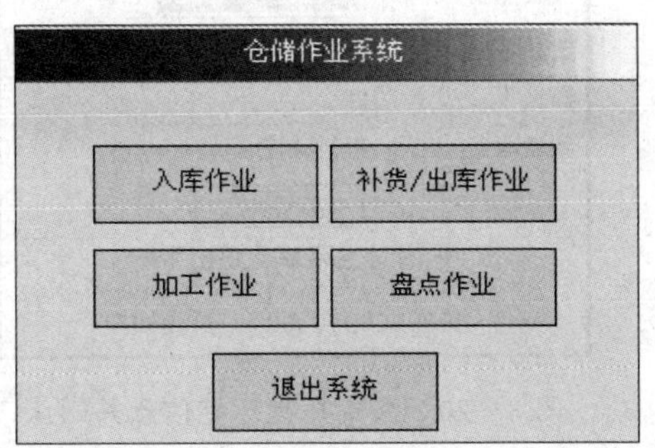

图 3—15　手持终端仓储作业系统主功能界面

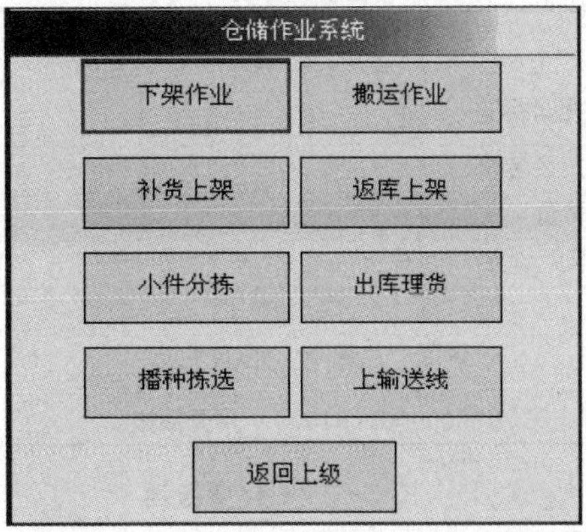

图 3—16　补库/出库作业功能界面

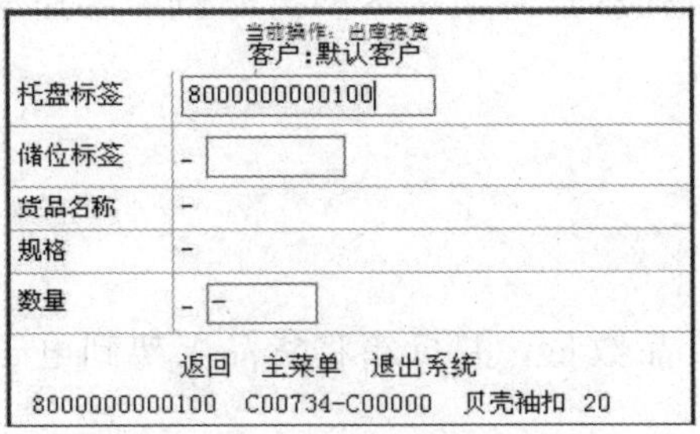

图 3—17　采集托盘标签信息

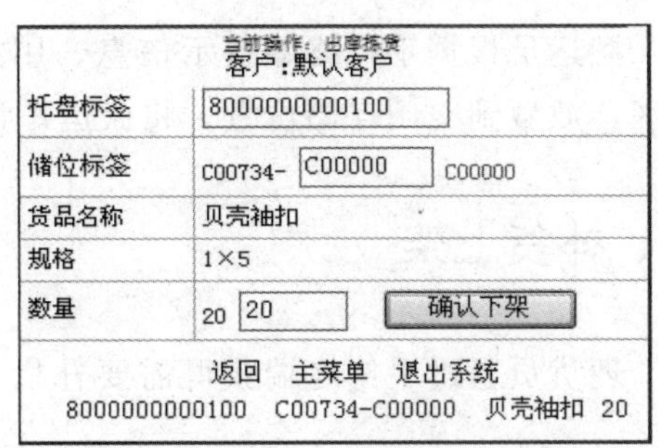

图 3—18　拣货数量和储位信息

理货员根据手持终端的提示信息，利用堆高车将补货下架的货品从正确储位下架，并搬运至托盘货架交接区。

三、搬运操作

搬运员从设备交接区取出搬运车，将整托下架的贝壳袖扣放置到搬运车上，进行搬运作业。

1. 查看搬运操作信息

搬运员登录手持终端仓储作业系统，依次点击“补货/出库作业”“搬运作业”，进入图 3—19 所示界面。

搬运员根据手持终端提示，采集托盘标签信息，信息确认无误后，点击“确认搬运”，如图 3—20 所示。

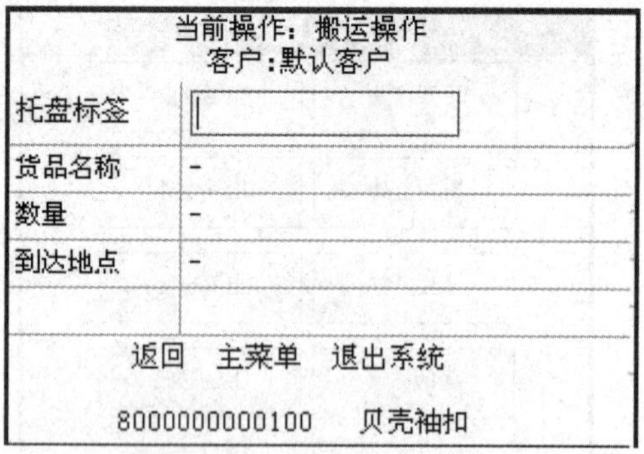

当前操作：搬运操作
客户:默认客户
托盘标签
货品名称 -
数量 -
到达地点 -
返回 主菜单 退出系统
8000000000100 贝壳袖扣

图 3—19 补货搬运

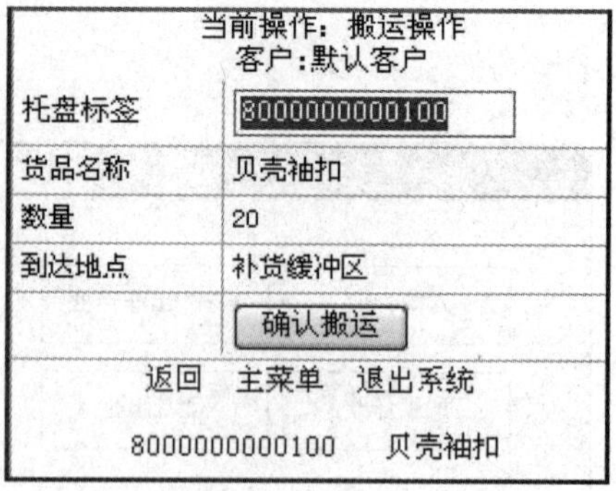

当前操作：搬运操作
客户:默认客户
托盘标签 8000000000100
货品名称 贝壳袖扣
数量 20
到达地点 补货缓冲区
确认搬运
返回 主菜单 退出系统
8000000000100 贝壳袖扣

图 3—20 采集托盘标签信息并确认

2. 搬运操作

搬运员根据手持终端提示信息，用搬运车将托盘货架交接区的货品搬运至补货暂存区，放置到空闲存储位置，将搬运车设备归位。

四、补货上架

理货员通过手持终端获得需要补货上架的货品数量，并拆箱将货品上架到电子拣选区。

1. 查看补货上架信息

理货员登录手持终端仓储作业系统，依次点击“补货/出库作业”“补货上架”，进入补货上架界面，如图 3—21 和图 3—22 所示。

仓储作业系统
下架作业
搬运作业
补货上架
返库上架
小件分拣
出库理货
播种拣选
上输送线
返回上级

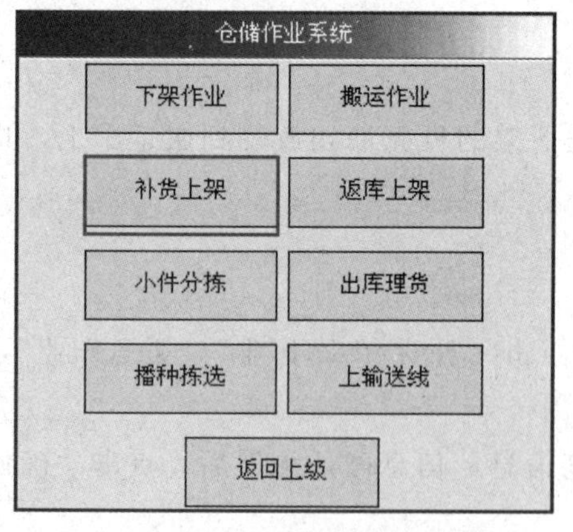

图 3—21 补货/出库作业功能界面

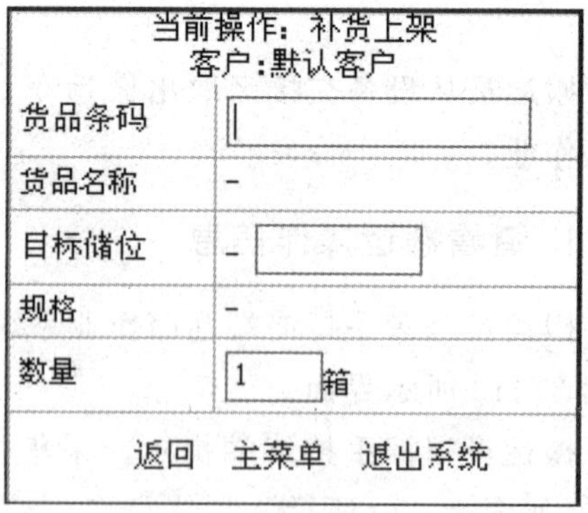

当前操作：补货上架
客户:默认客户
货品条码
货品名称 -
目标储位 -
规格 -
数量 1 箱
返回 主菜单 退出系统

图 3—22 补货上架

理货员利用手持终端扫描货品条码，进行信息采集，如图 3—23 所示。

2. 拆零操作

理货员根据手持终端提示信息，从补货暂存区的整托货品中取一箱货品，用弹簧刀拆开包装箱封口。

3. 上架操作

理货员将拆零后的货品摆放到电子货架区（E00734-A00006）正确储位上，摆放时须规范操作。

4. 补货上架信息确认

理货员利用手持终端采集已补货的储位标签，信息采集成功后点击“确认补货”，补货上架完成，如图 3—24 所示。

当前操作：补货上架
客户：默认客户

货品条码	×××××××××××××
货品名称	贝壳袖扣
目标储位	E00734- A00006
规格	1×5
数量	1 箱

确认补货

返回 主菜单 退出系统

图 3—23 采集货品条码信息

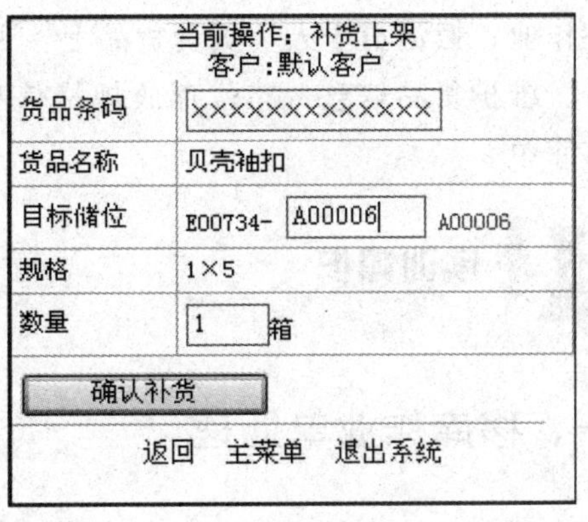

图 3—24 确认补货

5. 设备归位

工作人员将补货作业过程中使用过的设备进行归位，剩余货品暂放在补货暂存区。

实训内容 2 移库作业

2017 年 10 月 22 日，仓库管理员根据货品出入库频率，为提高出入库速度，决定将托盘货架区 A00102 储位，货品编码为 980301209、数量为 20 箱的货品移至托盘货架区 B00100 储位。移库指令见表 3—40。

表 3—40 移库指令

移库日期：2017 年 10 月 22 日

货品名称	货品编码	源库位	数量	单位	目的库位	备注
咖啡机	980301209	托盘货架区 A00102	20	箱	托盘货架区 B00100	

请根据上述信息，使用仓储管理系统完成移库作业。

实训准备

准备配有仓储管理系统的计算机、RFID 手持终端设备、搬运设备、托盘、货品条码、托盘标签、储位标签、弹簧刀、胶带等。

对人员进行分组。每组信息员 1 人，负责信息的录入；仓库管理员 1 人，负责移库作业；搬运员 1 人，负责货品上、下架和搬运作业。

维护货品信息、储位存放规格信息，打印并粘贴货品条码、托盘标签，准备空白移库单。

实训操作

一、移库作业单处理

信息员登录仓储管理系统，依次点击“移库作业”“移库作业单”，如图 3—25 所示。点击“新增”，进入图 3—26 所示界面。选择正确的“区编码”和“储位编码”，点击“查询库存”，系统即显示符合条件的库存货品。

根据库存货品的库存量确定移库量，点击要移库货品右侧的上移箭头“⬆”，将货品移动到移库条目区域，如图 3—27 所示。

在移库目标区域，选择“目标储位”信息，如图 3—28 所示。

确定移库的目标区域后，点击图中的“保存”按钮，进入图 3—29 所示界面。

勾选正确的作业计划单号对应的订单，点击图 3—29 中的“移库作业单提交”按钮，进入图 3—30 所示界面。

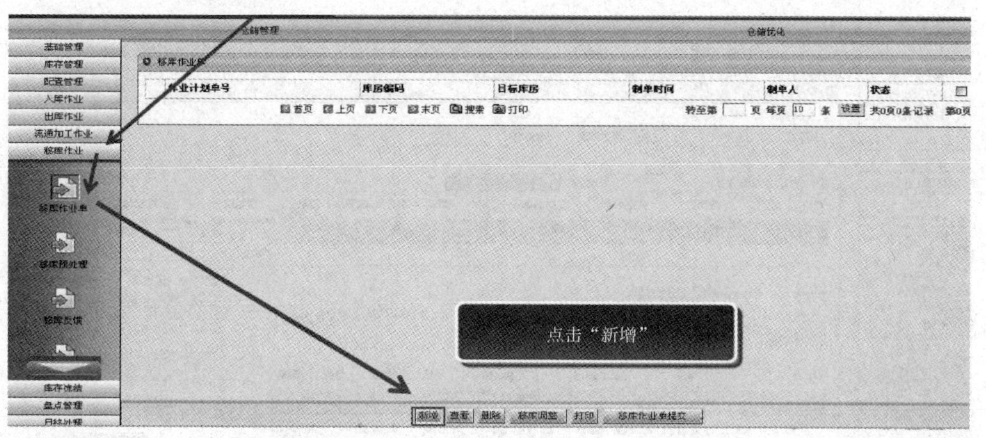

图 3—25　移库作业列表

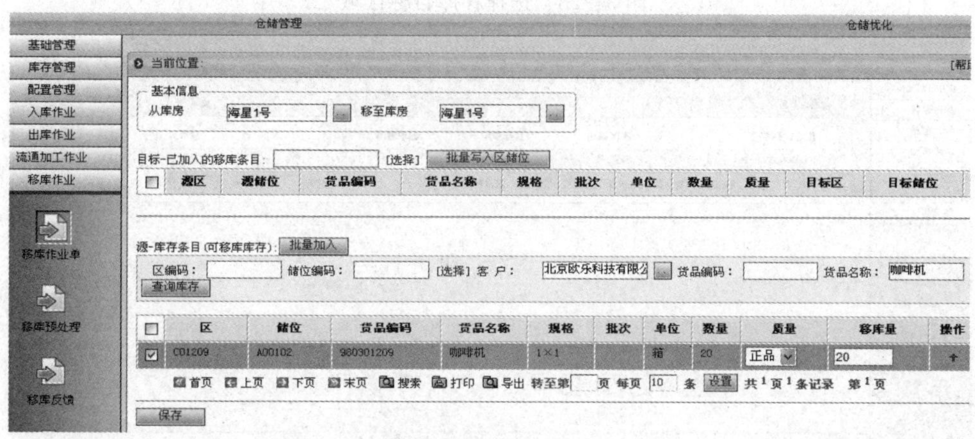

图 3—26　查询库存

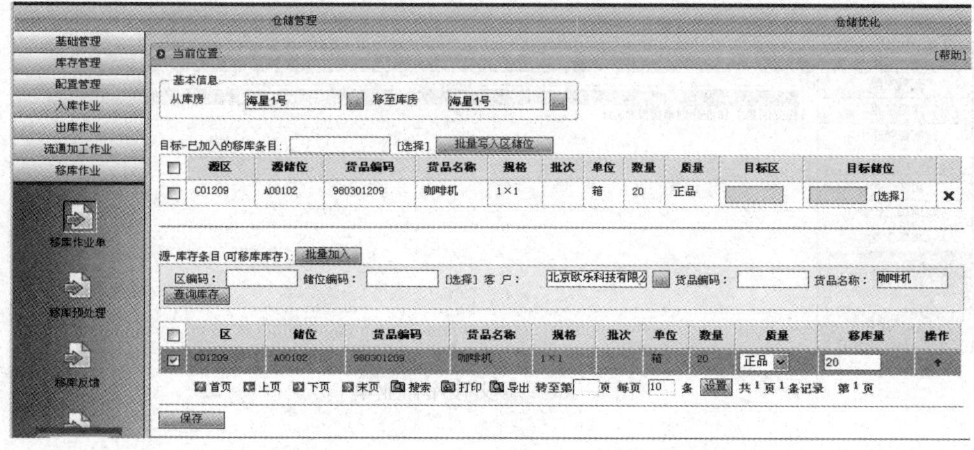

图 3—27　移库列表

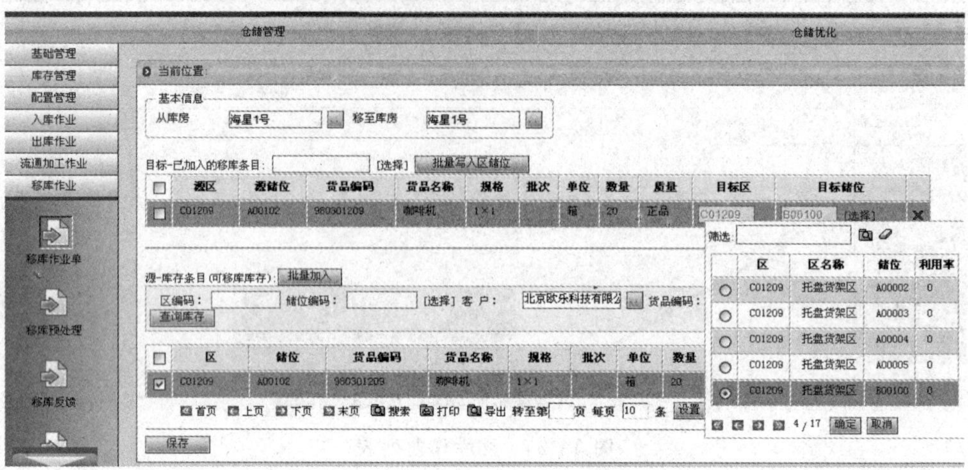

图 3—28 选择移库目标区域

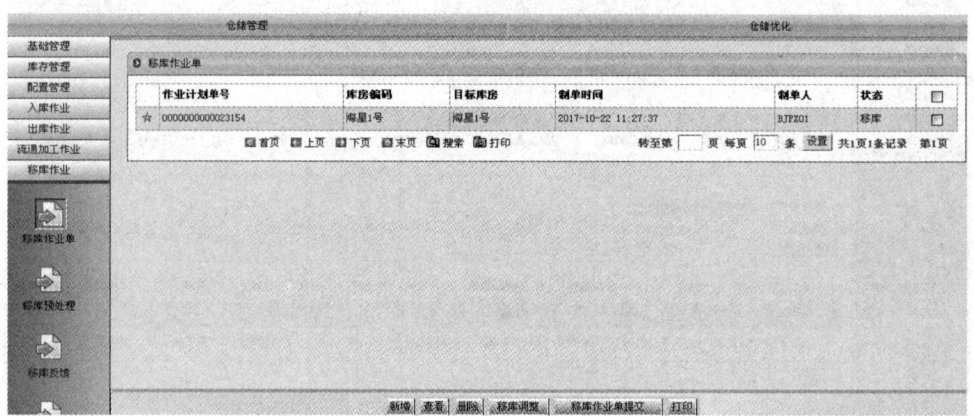

图 3—29 生成移库作业单

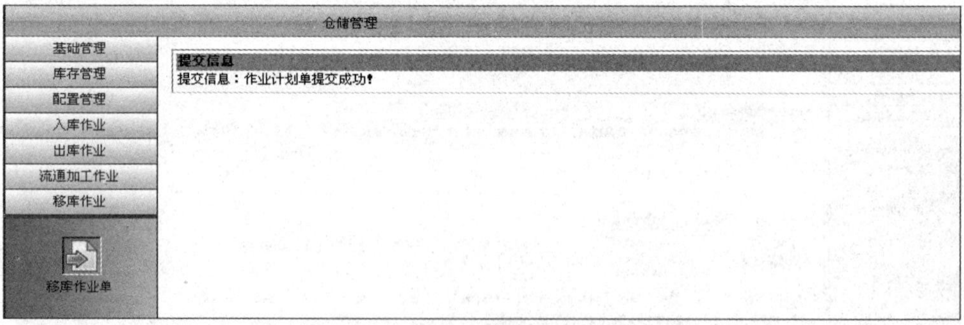

仓储管理

基础管理
库存管理
配置管理
入库作业
出库作业
流通加工作业
移库作业
移库作业单

提交信息
提交信息：作业计划单提交成功！

图 3—30 提交移库作业单

二、移库预处理

搬运员登录仓储管理系统，依次点击“移库作业”“移库预处理”，如图 3—31 所示。勾选正确的作业计划单号对应的订单，点击“调度”，进入图 3—32 所示界面，查看并确认移库单的基本信息、拣货情况、上架情况和资源调度后，点击“调度完成”。

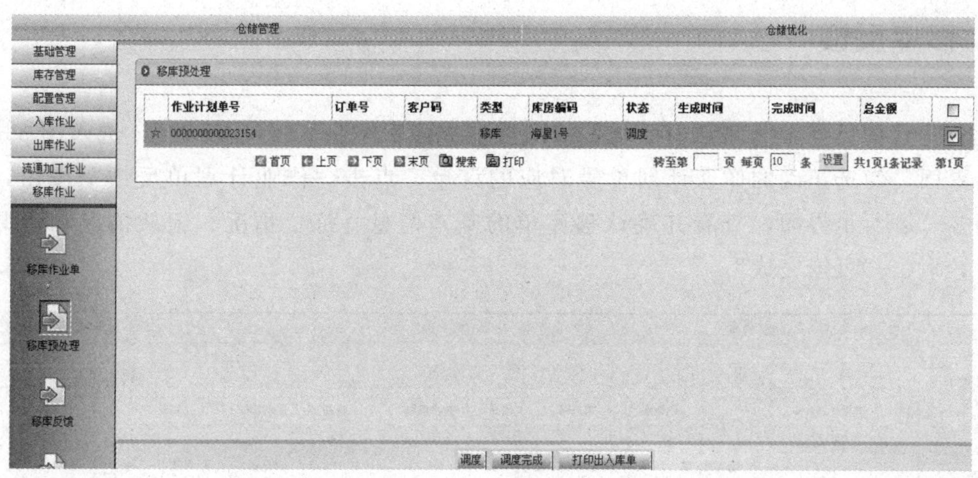

图 3—31　移库调度

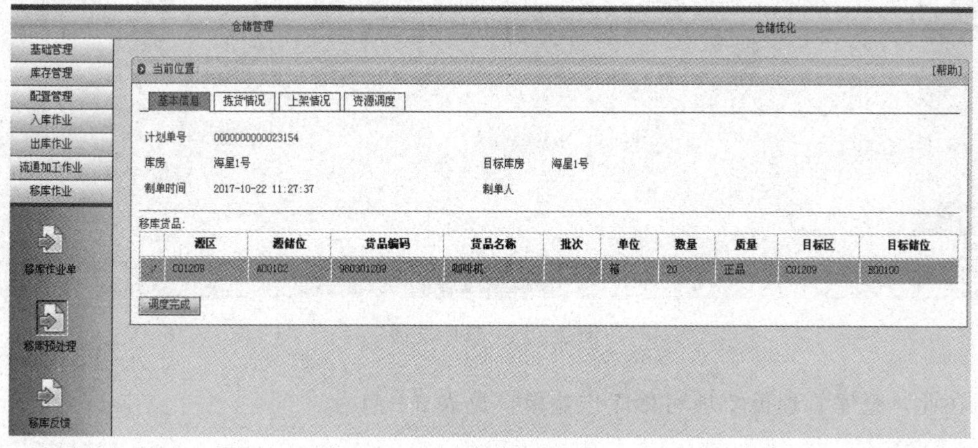

图 3—32　完成调度

三、移库操作

搬运员根据移库作业计划，从设备暂存区取出堆高车，移动至作业任务要求移库下架的储位 A00102，将咖啡机从储位上下架，并搬运到待上架储位，将货品上架至 B00100 储位。

四、移库反馈

仓库管理员登录仓储管理系统，依次点击“移库作业”“移库反馈”，进入图 3—33 所示界面，勾选正确的作业计划单号对应的订单，点击“作业计划单反馈”按钮，进入图 3—34 所示界面，查看并确认移库单的基本信息、拣货情况、上架情况和资源调度后，点击“反馈完成”。

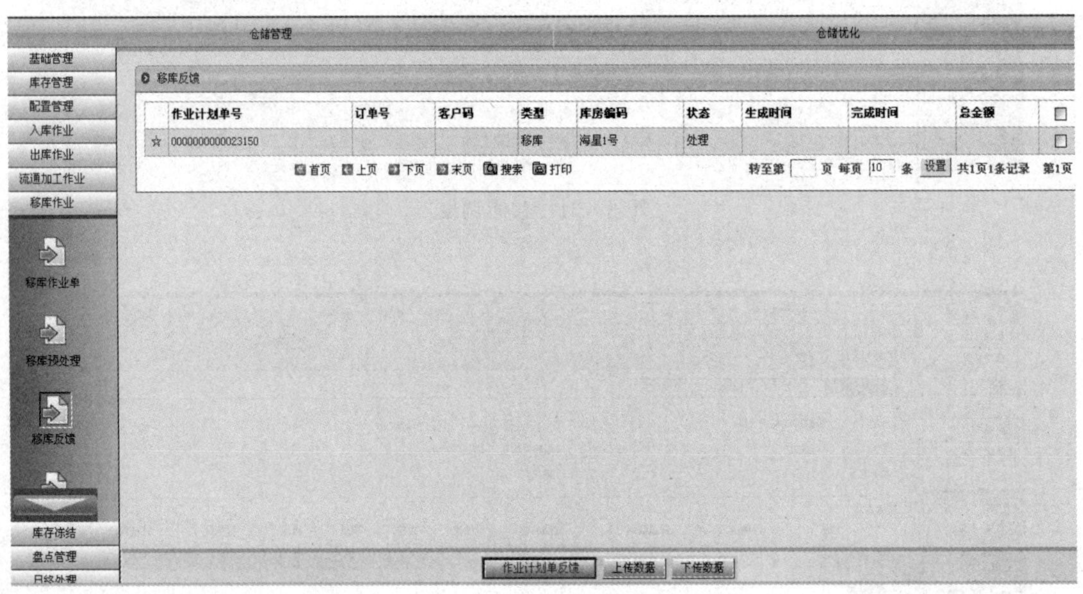

图 3—33　移库反馈

在此，仓库管理员要填写移库作业单，见表 3—41。

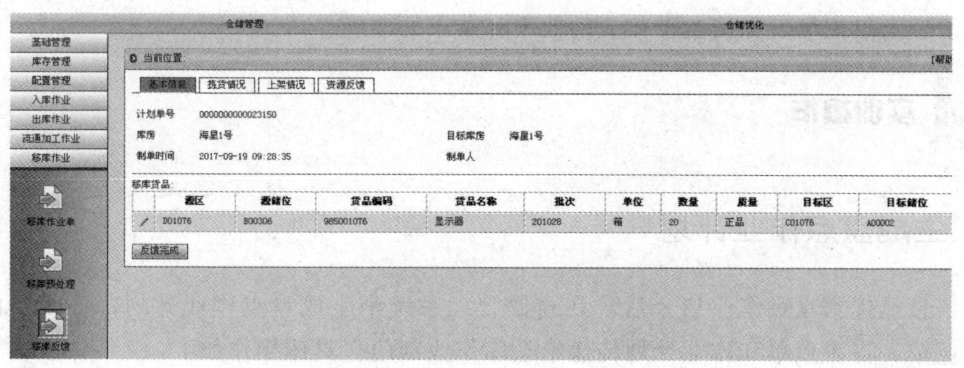

图 3—34　反馈完成

表 3—41　　　　　　　　　　　　　　　移库作业单

单号：L000012111　　　　　　　　　　　　　　　　　　　　　　　移库日期：2017 年 10 月 22 日

货物名称	货品编码	源库位	数量	单位	目的库位	备注
咖啡机	980301209	托盘货架区 A00102	20	箱	托盘货架区 B00100	
总计		20				

仓库管理员（制单人）：×××　　　　　　　　　　　　　　　　　　　　　　仓库主管：

实训内容 3　盘点作业

某库房的仓库主管对近期库房的出入库单据进行整理时发现，近期托盘货架区的出入库作业量较大，为了保证库存货品与系统数据的统一和准确，仓库主管发出一个盘点作业指令，要求仓库管理员对托盘货架区进行盲盘（即不看库存报表进行盘点），并对库存差异情况进行盈亏调整。

请根据上述描述，打印盘点单据，完成盘点作业任务。

实训准备

准备配有仓储管理系统的计算机、RFID 手持终端设备、模拟货品、包装箱、开箱器、纸、笔。

对人员进行分组。每组信息员 1 人，负责信息的录入；仓库管理员 1 人，负责复查、核实盘点结果，并处理盘点差异；盘点员 2 人，负责清点托盘货架区货品数量。

清理盘点现场，保证盘点作业的效率和结果的准确。

实训操作

一、生成盘点作业计划

信息员接到盘点作业指令后，在仓储管理系统中生成盘点作业计划，打印空白盘点作业单，将盘点单和作业计划传递给仓库作业部门。具体操作如下：

信息员登录仓储管理系统，依次点击“盘点管理”“盘点任务”，如图 3—35 所示。点击“新增”，进入图 3—36 所示界面，填写盘点的库房、负责人等信息，填写无误后，点击“保存订单”，进入图 3—37 所示界面。勾选该盘点作业单，点击“提交处理”，完成生成盘点作业计划操作。

图 3—35 新增盘点任务

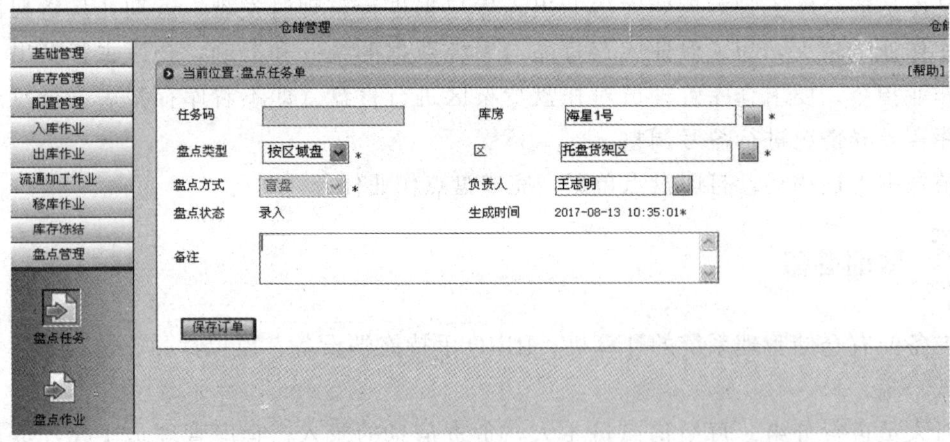

图 3—36 填写盘点任务基本信息

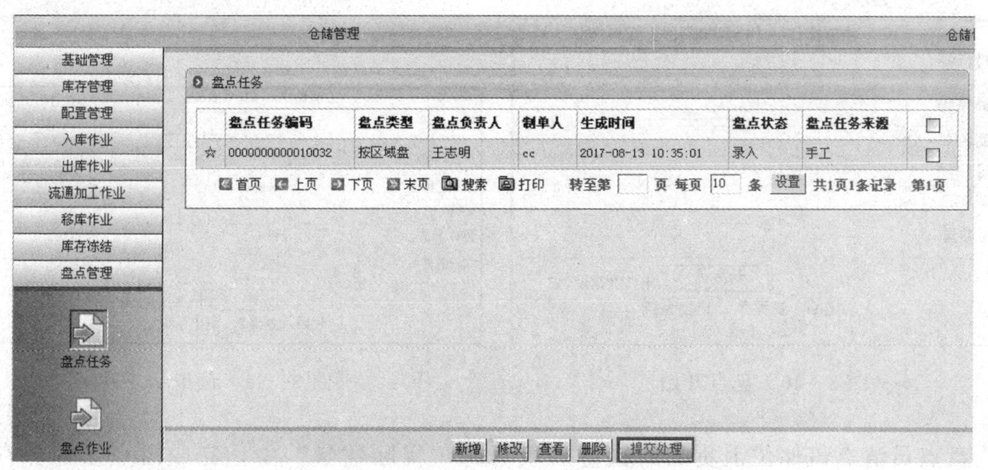

图 3—37　盘点任务提交处理

二、实物盘点

盘点员接到信息员发送过来的盘点作业任务后，拿着空白的盘点单和手持终端到达托盘货架区，根据盘点任务将该区域的货品进行清点、记录。具体操作如下：

盘点员登录手持终端仓储作业系统，进入系统主功能界面，如图 3—38 所示。点击“盘点作业”，进入待盘界面，如图 3—39 所示。点击待操作任务对应的“盘点”按钮，进入图 3—40 所示界面。

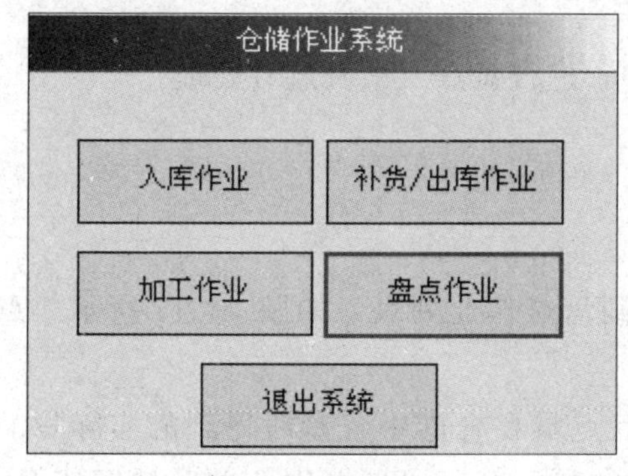

图 3—38　手持终端仓储作业系统主功能界面

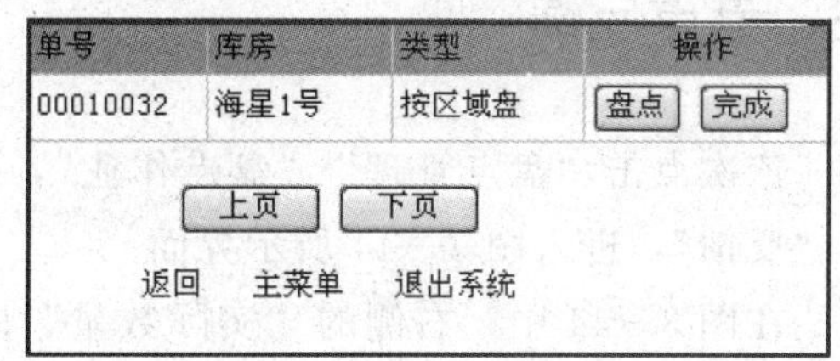

图 3—39　待盘

盘点员用手持终端扫描储位标签，再扫描储位上的货品条码信息，系统显示该货品的相关信息，如图 3—41 所示。

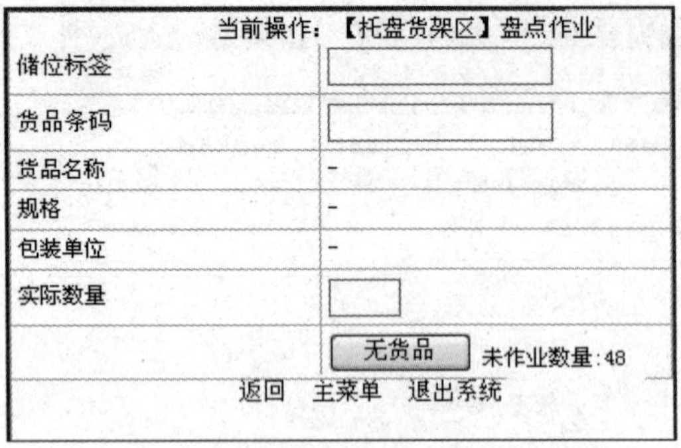

当前操作：【托盘货架区】盘点作业

储位标签	
货品条码	
货品名称	-
规格	-
包装单位	-
实际数量	
	无货品 未作业数量:48

返回 主菜单 退出系统

图 3—40 盘点开始

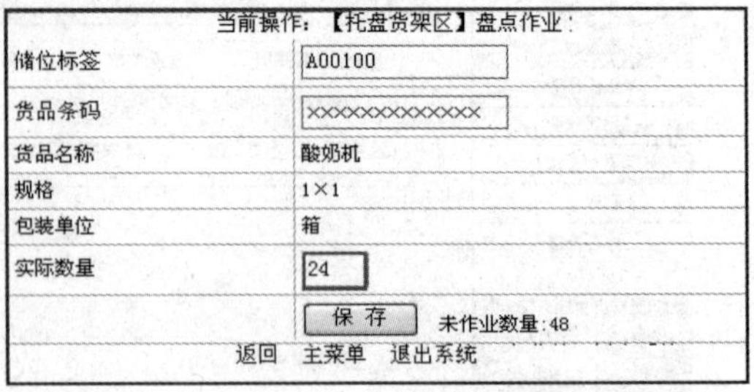

当前操作：【托盘货架区】盘点作业

储位标签	A00100
货品条码	XXXXXXXXXXXXX
货品名称	酸奶机
规格	1×1
包装单位	箱
实际数量	24
	保 存 未作业数量:48

返回 主菜单 退出系统

图 3—41 读取信息

盘点员清点该储位上货品的数量后填写到“实际数量”中，完成后点击“保存”。重复上述操作，进行其他货位的盘点。若某一个货位上没有货品，扫描储位标签后，点击“无货品”即可，如图 3—42 所示。

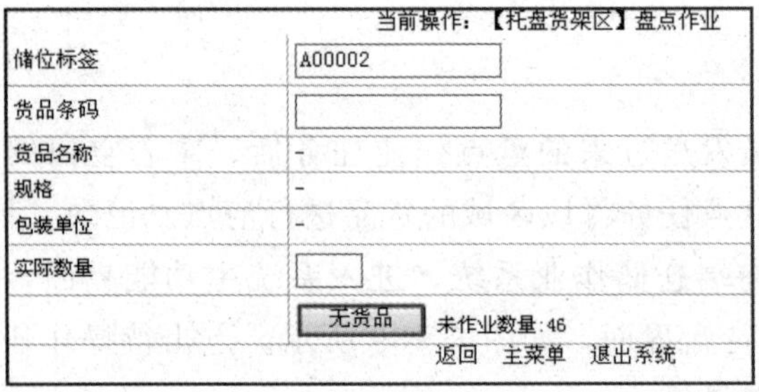

当前操作：【托盘货架区】盘点作业

储位标签	A00002
货品条码	
货品名称	-
规格	-
包装单位	-
实际数量	
	无货品 未作业数量:46

返回 主菜单 退出系统

图 3—42 无货品盘点

全部完成后，将结果反馈到仓储管理系统中，进行盘点反馈及盈亏处理。

三、盘点反馈

依次点击“盘点管理”“盘点作业”，进入到盘点作业列表，如图 3—43 所示。点击“反馈”，进入图 3—44 所示界面。

在图 3—44 中，右侧的“实际数量”即为盘点员在仓库中盲盘时得到的实际货品数量，即通过手持终端传递回来的盘点数量。盘点员根据“盘点作业单”填写正品、次品的数量，完成后，点击“反馈完成”按钮，进入图 3—45 所示界面。

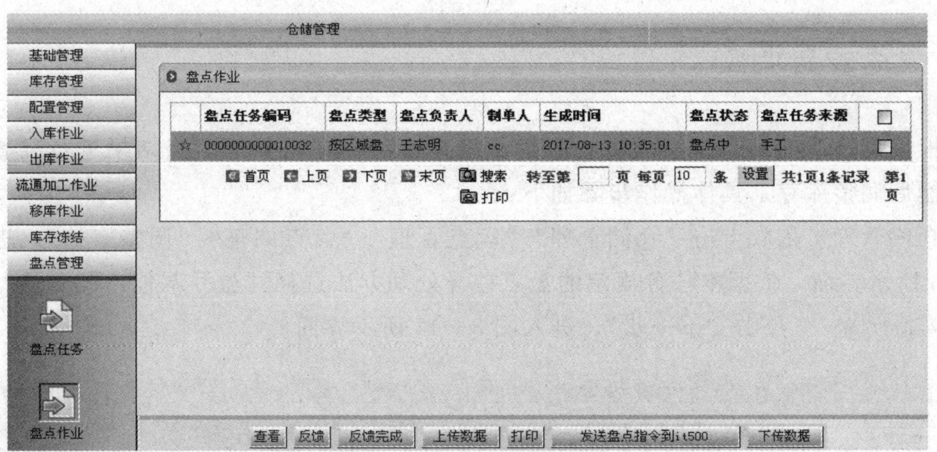

图 3—43　盘点作业反馈

仓储管理　仓储优化

盘点作业单

库房：海星1号

	区编码	区名称	储位编码	货品编码	货品名称	规格	型号	批次	单位	实际正品量	实际次品量	实际数量
	C00880	托盘货架区	A00000	980700880	电磁炉	1×1	TPHJQ007					50
	C00880	托盘货架区	A00001									
	C00880	托盘货架区	A00002									
	C00880	托盘货架区	A00003									
	C00880	托盘货架区	A00004									
	C00880	托盘货架区	A00005									
	C00880	托盘货架区	A00100	980100880	酸奶机	1×1	TPHJQ001					24
	C00880	托盘货架区	A00101	980200880	净水器	1×1	TPHJQ002					20
	C00880	托盘货架区	A00102	980300880	咖啡机	1×1	TPHJQ003					20
	C00880	托盘货架区	A00103	980400880	取暖器	1×1	TPHJQ004					24
	C00880	托盘货架区	A00104	980500880	电烤箱	1×1	TPHJQ005					32
	C00880	托盘货架区	A00105	980600880	电炸锅	1×1	TPHJQ006					28

图 3—44　盘点作业单

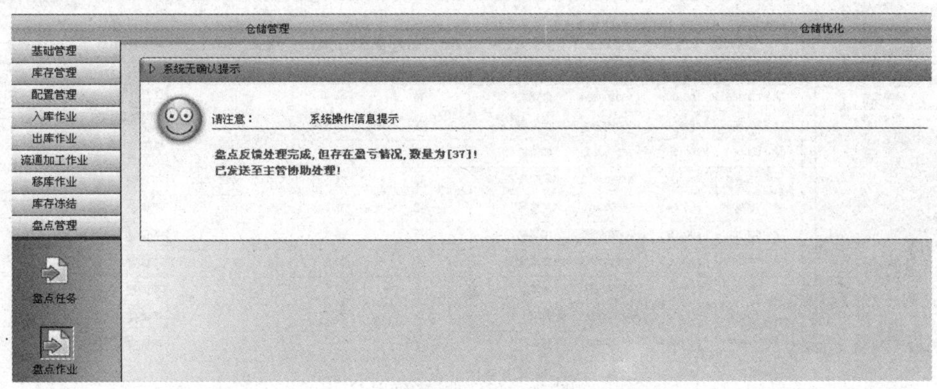

图 3—45　反馈完成

四、盘点差异调整

根据反馈情况，仓库管理员查看盘点结果，对存在差异的盘点结果进行复查、核实，然后调整库存。具体操作步骤如下：

仓库管理员依次点击“仓储管理”“盘点管理”“盘点调整”“调整审核”，进入图3—46所示界面，依据本任务规定的盘点差异处理办法选择“盈亏调整：针对盈亏情况进行实际调整”。点击“下一步”，进入图3—47所示界面。

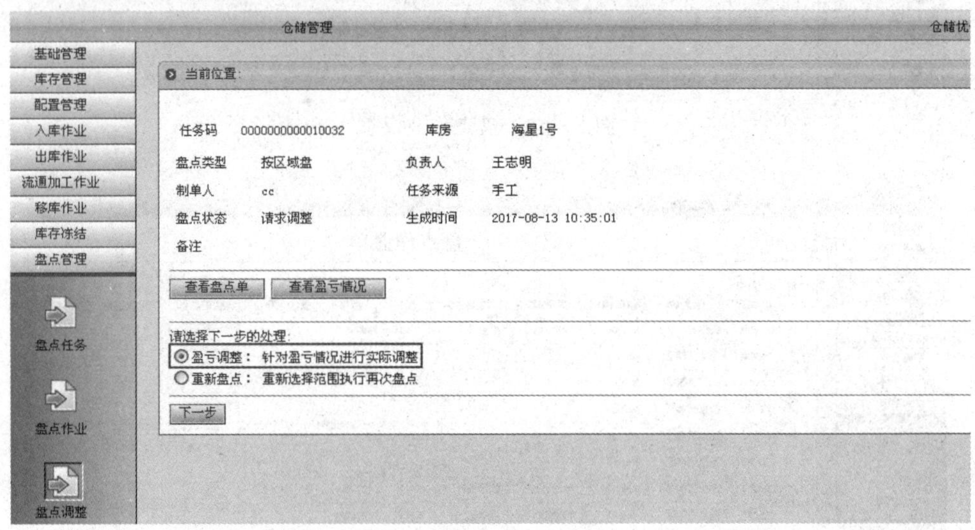

图3—46 盈亏调整

仓储管理 仓储优化

基础管理 库存管理 配置管理 入库作业 出库作业 流通加工作业 移库作业 库存冻结 盘点管理 盘点任务 盘点作业 盘点调整

当前位置:

任务码：0000000000010032 库房：海星1号

待调整列表：如果该盘点单出现过多次盘点情况，同一库存货品可能出现多条，请选择按照哪次盘点结果执行调整

区编码	储位编码	货品编码	货品名称	批次	单位	正品	正品[盘]	次品	次品[盘]	调整类型	责任人
C00880	A00000	980700880	电磁炉		箱		49		1	不调整	
C00880	A00100	980100880	酸奶机		箱		24		0		
C00880	A00101	980200880	净水器		箱		20		0		
C00880	A00102	980300880	咖啡机		箱		20		0		
C00880	A00103	980400880	取暖器		箱		24		0	不调整	
C00880	A00104	980500880	电烤箱		箱		32		0	不调整	
C00880	A00105	980600880	电炸锅		箱		28			不调整	
C00880	B00000	981400880	文具盒		个		20			不调整	
C00880	B00001	981500880	削笔器		个		20			不调整	
C00880	B00002	981600880	剪刀		个		20			不调整	
C00880	B00003	981700880	胶带		个		20			不调整	

-请选择- 不调整 正次 盈亏 移库

图3—47 调整确认

待差异调整完毕后，仓库管理员登录手持终端仓储作业系统，进入盘点作业列表，点击“完成”，如图 3—48 所示，完成盘点作业。

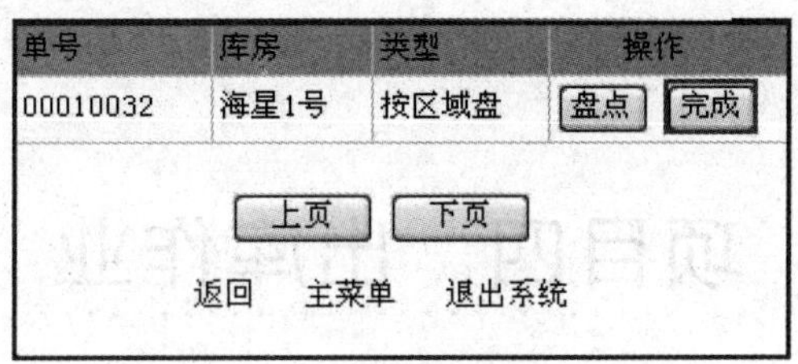

图 3—48　盘点完成

思考练习题

1. 简述货品保管的基本措施。
2. 简述防治常见货品霉腐的措施。
3. 简述防治货品虫害的措施。
4. 盘点作业的目的有哪些？
5. 简述盘点作业的一般流程。
6. 由于生产任务重而无法停产盘点时，仓库应该采用哪种盘点方法？
7. 库存的类型有哪些？
8. 对货品进行 ABC 分类的一般步骤是什么？
9. 在 ABC 分类的库存策略中，A、B、C 三类货品的库存控制策略分别是什么？

项目四　出库作业

货品出库作业将仓库工作直接与运输单位、货品使用单位联系起来，是仓库作业的最后一个环节，对改善仓库经营管理，降低作业成本，提高服务质量具有重要作用。货品出库作业要准确、及时，保质保量将货品发给收货单位，货品包装应完整牢固，标记应正确清楚，符合运输单位、使用单位的要求，防止出现差错。

任务 1　出库操作

任务引入

北京 ABC 物流公司客户服务部收到北京 D 贸易公司以传真形式发过来的提货单，见表 4—1，要求自提此批货品。试完成该批货品的出库作业操作。

表 4—1　　**提货单**

货主单位：北京 D 贸易公司　　日期：2017 年 11 月 26 日

编号	货品名称	型号	单位	数量	单价（元）	金额（元）	包装	备注
1	美菱波轮洗衣机	XQB50-9870 5kg	台	10	899	8 990	纸箱	
2	九阳电水壶	JYK-12CW03 1.2L	个	20	128	2 560	纸箱	
3	美的预约不锈钢豆浆机	DS12G31 1.2L	台	20	259	5 180	纸箱	

仓储单位：北京 ABC 物流公司　　制单人：黄××　　提货单位：北京 D 贸易公司

任务分析

在接到提货通知后，首先要做好货品出库的各项准备工作，包括人员、工具、货品数量规格的检查、包装材料的准备等，然后根据货品出库形式，按照核对单证、备货、复核、包装刷唛、清点交接、放行出库、登账、库内清理的流程完成货品的出库作业。在此过程中必须按照货品出库的要求来进行操作，同时注意出库单证的流转要符合规定。

相关知识

货品出库作业是仓库根据业务部门或存货单位开出的货品出库凭证（如提货单、货品调拨单），按其所列货品名称、规格、型号、数量等项目，组织货品出库的一系列工作的总称。

一、货品出库概述

1. 货品出库的依据

“提货单”或“货品调拨单”是货主开出的货品出库依据。无论在任何情况下，仓库都不能擅自动用、变相动用或外借货主的库存货品。

各企业的“提货单”或“货品调拨单”样式不尽相同，但都必须是符合财务制度要求的、有法律效力的凭证，一定要避免无凭证的发货。提货单样表见表 4—2，货品调拨单样表见表 4—3。

表 4—2　　提货单样表

货主单位：　　　　日期：

编号	货品名称	型号	单位	数量	单价	金额	包装	备注
1								
2								
3								

仓储单位：　　　　制单人：　　　　提货单位：

出库单一般作为销售企业或第三方物流企业仓库货品出库的凭证，通常来说应该包括货品的名称、编号、数量、价样等内容，具体样式见表 4—4。出库单通常一式三联，一联由仓库留存，一联交财务核算，一联由提货人留存。

表 4—3　　货品调拨单样表

领用单位：　　发料日期：

领料日期：　　领料单号：

编号	材料名称	型号	单位	领料数量	实发数量	备注
1						
2						
3						

批准人：　　发料人：　　领料人：

表 4—4　　出库单样表

发货仓库：				出库日期：		
客户名称：			客户编号：	订单日期：		
收货单位名称：			应出总数：	实出总数：		
联系人：			联系电话：			
货品名称	货品编号	规格	单位	应发数	实发数	货位号

仓库管理员：　　提货人：

2. 货品出库的要求

货品出库要做到“三不、三核、五检查”。

“三不”即未接单据不翻账，未经审单不备货，未经复核不出库。“三核”即在发货时，要核实凭证、核对账卡、核对实物。“五检查”即对单据和实物要进行品名检查、规格检查、包装检查、件数检查、重量检查。

3. 货品出库的形式

（1）送货

送货是指仓库根据货主单位开出的“提货单”或“货品调拨单”，把货品交由运输部门送达收货单位。仓库实行送货的好处在于：①仓库可预先安排作业，缩短发货时间；②收货单位可避免因人力、车辆等不便而发生的取货困难；③在运输上，可合理使用运输工具，减少运费。

仓库送货要划清交接责任，仓储部门与运输部门的交接手续在仓库现场办理；运输部门与收货单位的交接手续，根据货主单位与收货单位签订的协议，一般在收货单位指定的到货地点办理。

(2) 自提

自提是指由货主或其代理持“货品调拨单”直接到库房提取货品，仓库凭单发货。自提具有“提单到库、随到随发、自提自运”的特点，一般提货量较少，运输距离较近。

为划清交接责任，仓库发货人员与提货人应在仓库现场对出库货品当面交接清楚并办理签收手续。

(3) 过户

过户是一种就地划拨的形式，货品虽未出库，但是所有权已从原存货货主转移到新存货货主。仓库要根据原存货单位开出的正式过户凭证，办理过户手续。

(4) 转仓

转仓是货主单位为了业务方便或改变储存条件，将某批库存货品自甲库转移到乙库。仓库要根据货主单位开出的正式转仓单，办理转仓手续。

(5) 取样

取样是指货主单位出于检验货品质量、陈列样品等需要，到仓库提取货样。仓库要根据正式取样凭证发给样品，并做好账务记载。

二、出库作业基本流程

货品出库作业的内容主要包括出库订单的处理、出库前的准备和货品出库三部分。下面主要介绍出库前的准备和货品出库，其基本流程如图 4—1 所示。

1. 出库前的准备

一般情况下，仓库会在货品出库的前一天接到提货单。接到提货单后，需要填写出库作业计划单，做好货品出库的准备工作，具体包括以下几个方面：

(1) 包装整理

检查待出库的货品在经过装卸、搬运、堆码后，包装是否受损到不适宜运输的状态，如果存在这种情况，需要进行整理加固或者改换包装。

(2) 组配、分装

根据货主需要，有些货品需要拆零后出库，仓库应事先为此做好准备，备足零散货品，以免因临时拆零而延误发货时间。有些货品则需要进行拼箱，为此，应做好挑选、分类、整理和组配等准备工作。

(3) 工具设备准备

出库货品在待运阶段，要安排一定的场所和配备必要的装卸设备，便于货品的装卸作业。有装箱、拼箱或改装业务的仓库，在发货前应该根据货品自身性质及运输的

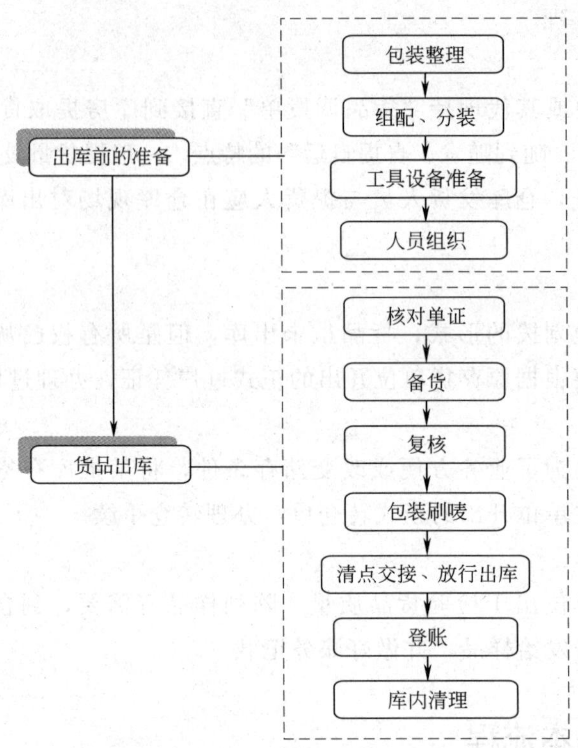

图 4—1 出库作业基本流程

要求，准备好各种包装材料和相应的衬托货品。除此之外还要准备记号笔、封签、胶带、剪刀、胶带座、木箱、钉箱、扩仓的工具等。

（4）人员组织

出库作业比较复杂，工作量大，事先要对出库作业合理组织，安排好作业人员，以保证各个环节的紧密衔接。

2. 货品出库

（1）核对单证

货品出库需要有正式的出库凭证，仓库管理员必须认真审核出库凭证，具体内容包括：审核出库凭证的合法性和真实性，核对货品的品名、型号、规格、单价、数量和提货日期等有无错误，检查凭证有无涂改与污损，核对签章、提货人身份等。审核无误后，方可组织货品出库，否则仓库应拒绝发货。

（2）备货

审核凭证后，仓库管理员按凭证上所列货品去相应货位核对。若货品有规定发货批次，则按规定备货；若没有规定发货批次，应依据“先进先出、推陈储新”原则备货。备好的货品应放于相应的区域，等待出库。同时，出库货品应附有质量证明书或其复印件、装箱单等文件，机电设备、仪器仪表等产品的说明书及合格证应随货同行。进出口货品还要附海关证明和货品检验报告等材料。注意，备货过程中提货人员不得进入库房。

（3）复核

为了保证出库货品的单、货相符，不出差错，备货后应立即进行复核。复核查对的主要内容有以下几方面：

1）货品的名称、规格、型号、数量等是否与出库凭证所列的内容一致。

2）货品的外观质量、包装是否完好、正确，是否便于装卸搬运作业。例如，怕震货品的衬垫是否稳妥，怕潮货品的密封是否严密，收货人、到站、箱号、危险品或防震防潮等标志是否正确、明显。

3）货品的配件（如机械设备等）是否齐全。

4）货品所附证件、单据是否齐全。例如，每件包装是否有装箱单，装箱单上所列各项目是否和实物、凭证等相符合。

复核时，可以根据货品数量、种类的多少，以及作业条件的限制，选择不同的方式。常用的出库复核方式见表4—5。

表4—5　　出库复核方式

复核方式	具体内容	适用范围
个人复核	仓库管理员自己发货、自己复核，并对所发货品的数量、质量负全部责任	适用于专业化程度高的仓库，或者存储品种比较单一、同一品种发货批量比较大而人员编制较少的仓库
相互复核	相互复核又称“交叉复核”，即两名仓库管理员对对方所发货品进行照单复核，复核后应在对方出库单上签名，与对方共同承担责任	比个人复核更容易发现问题，适用于出库业务繁多和货品品种众多的仓库
专职复核	由仓库设置的专职复核员进行复核，专职复核员与仓库管理员共同对出库货品的数量、质量承担责任	有利于提高复核人员的工作效率，适用于出库量较大的综合性仓库
环环复核	发货过程的各环节，如查账、付货、检斤、开出门证、出库验放、销账等，对所发货品进行反复核对	复杂、工序较多，但准确性高，适用于分工细致的大型现代化仓库

（4）包装刷唛

包装是为了使货品在运输过程中不受损坏，一般要求根据货品的外形特点，选择适合的包装材料。包装尺寸要便于货品的装卸和搬运，符合货品运输的要求。严禁性能抵触、互相影响的货品混合包装。刷唛是指在包装上标打各种标记，操作时要注意：①置唛应在货品外包装的两头，字迹清楚，不错不漏；②复用旧包装时必须刷除原有

标志；③如要粘贴标签，必须粘贴牢固，一般要写明收货单位、到站、发货号、本批总件数、发货单位等信息。

（5）清点交接、放行出库

出库货品无论是收货单位自提，还是交运输部门发运，仓库发货人员必须向提货人或运输人员按出库凭证所列逐件当面点交清楚，划清责任。采用送货方式时，由仓库管理员与送货人员清点交接，再由送货人员与客户清点交接，由客户签章。

在点交过程中，对重要、特殊货品的技术要求、使用方法、运输注意事项等，仓库管理员要向提货人、承运人交代清楚，做好技术咨询服务。

货品点交后，仓库管理员在出库单上填写“实发数”“发货日期”“提货单位”等内容并签名，提货人、承运人必须在相关出库单证上签字，然后将出库凭证有关联次同有关证件交给货主或运输人员。

（6）登账

仓库管理员审核出库凭证，做好出库记录，并根据自留的一联出库凭证登记实物明细账卡，做到随发随记，日清月结，账面余额与实际库存和卡片相符。在仓库发货业务中，有先登账后付货和先付货后登账两种做法。

1）先登账后付货。记账员根据出库单登账，除了必须认真核单之外，还可根据仓储账页，在出库单上批注账面结存数，配合仓库管理员做好付货工作，起到预先把关的作用。

2）先付货后登账。这种方式要求记账员必须做好出库单、出门证的全面控制和回笼销号工作，防止单证遗失。仓库管理员付货前缺少预先把关的机会，但对于发货频繁、出库单较多的仓库，从提高仓库服务质量、缩短小客户提货等候时间、充分发挥运输能力等方面来说是可行的。

（7）库内清理

货品出库后需要进行相应的清理工作，包括现场清理和档案清理。

1）现场清理。根据储存规划要求，对库存的货品进行并垛、挪位、腾整货位，以备新来货品使用；清扫发货场地，保持清洁卫生；检查相关设施设备和工具是否损坏、有无丢失等。

2）档案清理。整理该批货品的出入库情况和保管保养情况，清理并按规定传递出库凭证、出库单等单据，相关原始单据要定期装订成册并存入货品保管档案，档案要妥善保管，以备查用。

三、出库单证流转

出库单证主要是指提货单，它是向仓库提取货品的正式凭证。在仓储企业中，货品出库的方式主要有用户自提和送货两种。

1.自提方式下的出库单证流转

自提方式下的出库单证流转一般步骤如图 4—2 所示。

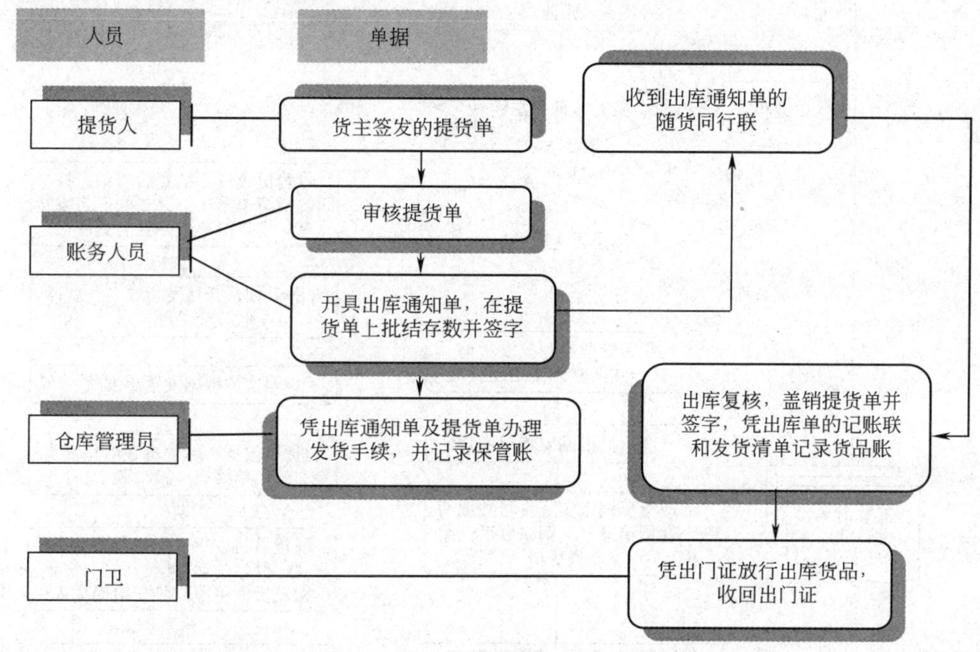

图 4—2　自提方式下的出库单证流转一般步骤

提货人持提货单来仓库提货时，账务人员对提货单进行审核，若没有问题，开具一式两联的出库通知单（或者货品出门证）。

出库通知单的一联交给提货人，另一联由仓库管理员根据提货单在“货品明细账”出库记录栏内登账，并在提货单上签名，批注出库货品数量和结存货品数量，将提货单传给仓库管理员发货。

提货人凭出库通知单向仓库管理员领取所提货品，待货付讫，仓库管理员应盖付讫章并签名，将提货单退回账务人员。

提货人凭出库通知单提货出门，并将其交给门卫。门卫在每天下班前将出库通知单交给账务人员，账务人员凭此与已经回笼的提货单号码和所编代号逐一核对。如果发现提货单或出门证短少，应该立即追查，不得拖延。

2. 送货方式下的出库单证流转

送货方式一般采用先发货后记账的形式，如图 4—3 所示。

业务受理员根据发货单和作业通知单，将发货单和货品档案转给仓库管理员，仓库管理员要到现场备货。

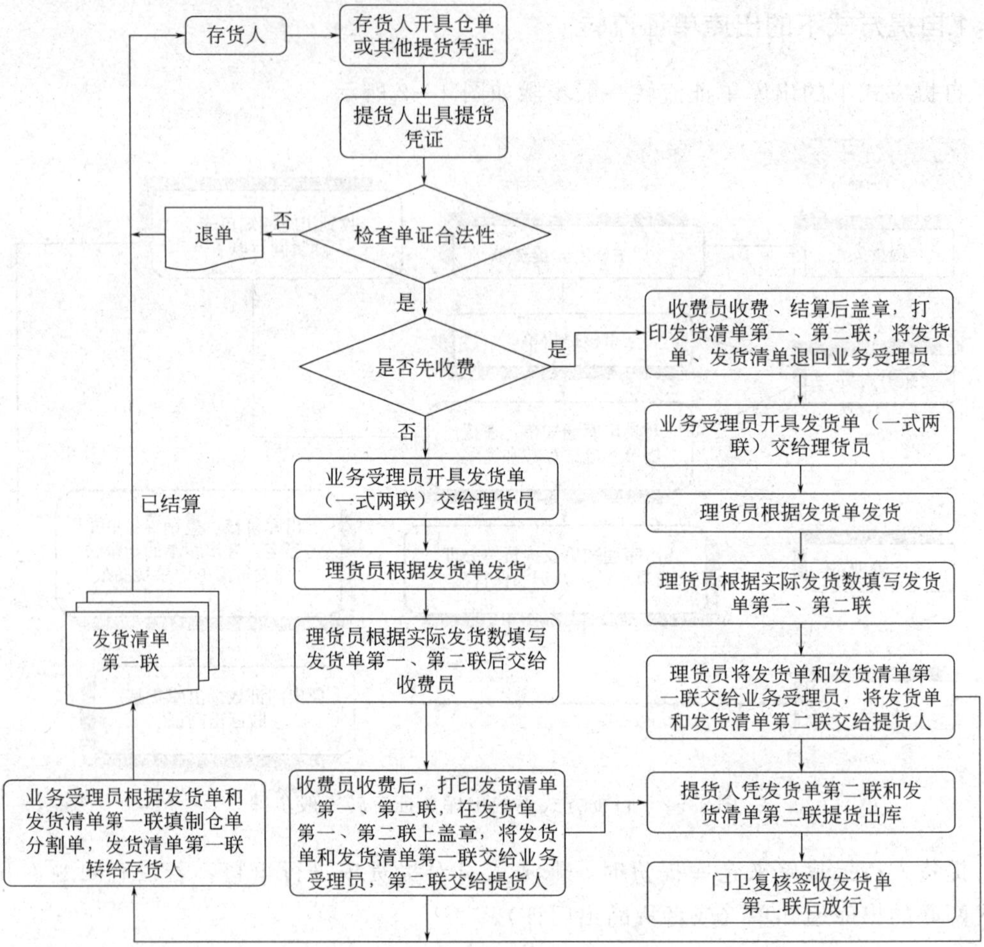

图 4—3　送货方式下的出库单证流转步骤

仓库管理员根据发货单和货品档案核对货品，并与相关人员现场备货，核对无误、手续完备后装车发货，并与提货人清点交接。按照实发数量及有关内容填写发货单，转复核员进行实物复核。

复核员根据发货单证，核对凭证号、实发数量、规格型号、仓储货位、存货数量等信息，确认无误后签字，将单证交还仓库管理员。

仓库管理员在复核后的发货单诸联上加盖“发货专用章”，并将发货情况录入计算机。

业务受理员对仓库管理员和收费员返回的发货单第一联和发货清单第一联审核无误后，将发货单第一联归档留存；根据实发数量填写仓单分割单，发货清单第一联经签字、盖章后返给存货人。

任务实施

一、生成出库单证

2017 年 11 月 26 日，ABC 物流公司接到提货通知后进行出库准备。

客户服务部接到提货通知单后进行库存查询，核实后生成出库通知单（见表 4—6）。

表 4—6　　出库通知单

出库单位：ABC 物流公司　　出库日期：2017 年 11 月 27 日

编号	货号	货品名称	型号	单位	数量	包装	备注
1	3568011	美菱波轮洗衣机	XQB50-9870 5kg	台	10	纸箱	
2	3569011	九阳电水壶	JYK-12CW03 1.2L	个	20	纸箱	
3	3569013	美的预约不锈钢豆浆机	DS12G31 1.2L	台	20	纸箱	

审核：张××　　记账：　　提货单位：北京 D 贸易公司　　制单：王××

二、准备货品出库

客户服务部将上述出库单下发到仓储部，仓库管理员接收此出库通知单后，对待出库货品的储位、库存的数量、包装进行检查，并安排叉车和装卸搬运人员。

三、审核提货单

2017 年 11 月 27 日，北京 D 贸易公司前来提货，提货人到财务部门缴纳相关费用后，携带相关单据到仓库提货，仓库开始出库的具体作业。

提货人员将提货单及缴费单交给仓库管理员，仓库管理员认真审核提货人所提交的提货单（见表 4—7）与出库通知单（见表 4—6）上的提货单位名称、货品名称、型号、单位、数量、包装等信息是否一致，审核有关部门和人员签章信息。

表 4—7　　提货单

货主单位：北京 D 贸易公司　　日期：2017 年 11 月 26 日

编号	货品名称	型号	单位	数量	单价（元）	金额（元）	包装	备注
1	美菱波轮洗衣机	XQB50-9870 5kg	台	10	899	8 990	纸箱	
2	九阳电水壶	JYK-12CW03 1.2L	个	20	128	2 560	纸箱	
3	美的预约不锈钢豆浆机	DS12G31 1.2L	台	20	259	5 180	纸箱	

仓储单位：（盖章）　　制单人：黄××　　提货单位：（盖章）

四、生成出库作业单

仓库管理员根据财务部门传来的费用收取凭证，生成仓库出库单（见表4—8）。

表4—8 **出库单**

北京ABC物流公司 一号库 出库日期：2017年11月27日

客户名称：北京D贸易公司		客户编号：T012156		订单日期：2017年11月26日		
收货单位名称：北京D贸易公司		应出总数：50		实出总数：		
联系人：	联系电话：					
货品名称	货品编码	型号	单位	应发数	实发数	货位号
美菱波轮洗衣机	6911010481033	XQB50-9870 5kg	台	10		3568011
九阳电水壶	693501048156	JYK-12CW03 1.2L	个	20		3569011
美的预约不锈钢豆浆机	694801047285	DS12G31 1.2L	台	20		3569013

仓库管理员： 提货人：

五、备货

单据审核无误后，事先安排的人员根据提货单内容拣取货品，并集中放到发货区。

六、复核

货品备好后，为避免出错，仓库管理员采用个人复核的方式再次复核相关单据，确保所出库的货品名称、规格、数量与出库凭证上所列的内容一致。

七、清点交接

仓库管理员复核后，与提货人现场清点交接，并在仓库出库单中填写“实发数量”，然后签字盖章。

仓库管理员在提货单上签字盖章。

提货人在提货单和仓库出库单上签字确认。

八、提货人凭单出门

仓库管理员向提货人交付随货单证和资料，并按照一车一证的方式给提货车辆开具出门证，门卫检查无误后放行。

九、登账

货品全部出库完毕，仓库管理员办理销卡和登账手续，填写货卡（见表 4—9）和货品明细账（见表 4—10）。

表 4—9　　　　　货卡

货品名称：美菱波轮洗衣机　　　　型号：XQB50-9870 5kg　　　单位：北京 D 贸易公司

2017 年		摘要	收入数量	发出数量	结存数量
月	日				
……	……	……	……	……	100 件
11	26			10 件	90 件

仓库管理员：王××

表 4—10　　　　　货品明细账

货主名称	北京 D 贸易公司	品名	美菱波轮洗衣机	型号	XQB50-9870 5kg
单位	台	颜色	白色	产地	杭州
存放地点	北京 ABC 物流公司　一号库				

2017 年				入库数量	出库数量	结存数量	对账签章	
月	日	凭证号	摘要				管理员	日期
11	26	Ckpz1211001	出库		10 件	90 件	王××	
			过次页					

十、清理现场

货品出库后，仓库管理员开始对库存的货品进行并垛、挪位、腾整货位的操作，清扫发货场地，并检查相关设施设备和工具，确认没有出现损坏和丢失情况。接着整理该批货品的出入库情况和保管保养情况资料，并按规定传递出库凭证、出库单等，相关原始单据要存入货品保管档案，档案要妥善保管，以备查用。

技能训练

【训练内容】

北京 WM 公司以电子邮件形式发给北京 ABC 物流公司一张提货单，见表 4—11，要求自提此批货品。试完成出库作业的操作。

表 4—11　　提货单

货主单位：北京 WM 公司　　日期：2017 年 12 月 26 日

编号	货品名称	型号	单位	数量	单价（元）	金额（元）	包装	备注
1	海信电视	LED42K326X3D	台	10	3 699	36 990	纸箱	
2	海尔空调	KFR-26GW/03GFC12 1 匹	台	5	2 199	10 995	纸箱	
3	创维冰箱	BCD-181SGK 181 升双门	台	10	1 459	14 590	纸箱	
4	卡迪洗衣机	EVO4 1263DW 6kg	台	5	3 496	17 480	纸箱	

仓储单位：北京 ABC 物流公司　　制单人：张××　　提货单位：北京 WM 公司

【训练要求】

1. 根据提货单生成出库订单。
2. 列出出库准备的各项工作内容，并按内容进行实际操作。
3. 画出实际出库操作的流程图，并按流程进行实际操作，认真填写相关单据。

【训练评价】

货品出库操作技能评价表见表 4—12。

表 4—12　　货品出库操作技能评价表

姓名		评价结果				
评价项目及分值		评价标准	自我评价	小组评价	教师评价	总评
出库通知单（10 分）		格式、内容正确				
出库单（10 分）		内容正确，若使用仓储管理系统，要求信息准确，操作熟练				
出库准备（15 分）		要检查包装情况是否适合运输，准备好需要更换的包装箱或加固材料、打包机，以及相关的装卸搬运设备				
备货（15 分）		按出库单信息进行备货				
复核（15 分）		能按要求对货品进行复核				

续表

评价项目	评价标准	自我评价	小组评价	教师评价	总评
清点交接（10分）	清点交接认真，签字准确				
登账（15分）	货卡及货品明细账登录准确				
现场清理（10分）	现场清理达到要求				

任务2　出库异常情况处理

任务引入

北京ABC物流公司客户服务部于2017年12月15日收到北京F贸易公司以传真形式传来的出库通知单，要求在12月16日自提此批货品。客户服务部依据此出库通知单制作了出库单（见表4—13），并将其交给仓储部，仓储部据此出库单进行了相应的准备。但因其他原因，F贸易公司于12月17日才来取货，并提交提货单（见表4—14），仓库管理员认真核对出库单和提货单，发现问题：出库单中编号为8的货品出库数量为25，而提货单中该货品数量为35；提货日期超过提货期限。试对出现的问题进行处理。

表4—13　　**出库单**

出库单位：北京F贸易公司　　出库日期：2017年12月16日

编号	货号	货品名称	型号	单位	数量	包装	备注
1	0010780231	露露牌杏仁露	240mL×24	箱	60	箱	
2	0010780238	汇源100%桃汁	1L×6	箱	80	箱	
3	0010780294	康师傅红烧牛肉面	103g/桶×6	件	20	箱	
4	0010780295	康师傅老坛酸菜牛肉面	115g/桶×12	件	20	箱	
5	0000180096	康师傅香辣牛肉面	101g/桶×6	件	20	箱	
6	0010780297	康师傅老陈醋酸辣牛肉面	119g/桶×6	件	20	箱	
7	0010780261	可口可乐	2.5L×6	件	20	箱	
8	0010780262	可口可乐	600mL×24	件	25	箱	
9	0010780263	果粒橙饮料	450mL×24	件	30	箱	

审核：张××　　记账：　　提货人：北京F贸易公司　制单：王××

表 4—14　　　　　　　　　　提货单

货主单位：北京 F 贸易公司　　　　　　　　　　日期：2017 年 12 月 16 日

编号	货号	货品名称	型号	单位	数量	包装	备注
1	0010780231	露露牌杏仁露	240mL×24	箱	60	箱	
2	0010780238	汇源 100%桃汁	1L×6	箱	80	箱	
3	0010780294	康师傅红烧牛肉面	103g/桶×6	件	20	箱	
4	0010780295	康师傅老坛酸菜牛肉面	115g/桶×12	件	20	箱	
5	0000180096	康师傅香辣牛肉面	101g/桶×6	件	20	箱	
6	0010780297	康师傅老陈醋酸辣牛肉面	119g/桶×6	件	20	箱	
7	0010780261	可口可乐	2.5L×6	件	20	箱	
8	0010780262	可口可乐	600mL×24	件	35	箱	
9	0010780263	果粒橙饮料	450mL×24	件	30	箱	

仓储单位：（盖章）　　　　　　制单人：黄××　　　　　　提货单位：（盖章）

任务分析

针对任务中出现的问题，要再次核对出库凭证和提货单的内容，以确认问题。针对第一个问题可以与客户服务部联系，核对出库单与出库通知单的内容，如果二者相符再与客户联系，客户查找原因后重新开出提货单，再按出库流程进行出库操作；第二个问题需要提货人办理相关缴费手续。

相关知识

在货品出库过程中，由于货品的种类和数量繁多，涉及单位和人员较多，因此会出现一些问题，如无单提货、凭证存在问题、单货不符、串发货、错发货、包装损坏、账面问题等，针对不同问题要采取不同的处理方式，以保证出库作业的正常进行。妥善处理问题可以挽回企业和客户的损失，提升企业信誉。

一、无单提货的处理

无单提货是指货主没有正式提货凭证而要求提货，如以“白条”和电话提货。遇到这种情况，仓库不能发货。

二、出库凭证问题的处理

出库凭证问题及处理方法见表 4—15。

表 4—15　　出库凭证问题及处理方法

问题	处理方法
提货凭证有问题，如抬头、印鉴不符	及时与出具出库单的单位或部门联系，妥善处理
出库凭证有假冒、伪造、涂改等情况	及时与仓库保卫部门以及出具出库单的单位或部门联系，妥善处理
出库凭证有疑点或者情况不清楚	及时与制单员联系，查明情况予以更正
用户自提出库，出库凭证超过提货期限	提货时，必须先办理相关手续，按规定缴纳费用，方可发货；非正式凭证不能作为发货凭证
提货时用户发现品种、规格、数量开错	发货人员不能自行调换相关数据进行发货，必须由制单员重新开票后方可发货
客户因各种原因将出库凭证遗失	客户必须出具所在单位的证明，到仓储部门挂失 若未与仓库联系挂失导致货已被提走，保管方不承担责任，但要协助货主单位找回货品 若货未被提走，经仓库管理员和账务人员查实后，做好挂失登记，将原凭证作废，重新开票，缓期发货。在此期间仓库管理员要时刻警惕，避免使用原提货凭证提走货品
所提货品在原来进库时未验收或未进库	暂缓发货，并通知供应商，待货到并验收后再发货。提货期顺延，仓库管理员不得以发代验

三、出库数与库存实有数不符问题的处理

货品出库数与库存实有数不符的原因及处理方法见表 4—16。

表 4—16　　货品出库数与库存实有数不符的原因及处理方法

出现问题的原因	处理方法
入库时记错账	先按库存账面数开具货品出库单销账，再按照实际库存数重新入库登账，并在入库单上注明情况，即采用“报出报入法”处理
仓库管理员串发、错发货品	由仓库方面负责解决库存数与提货数之间的差异
货主单位漏记账而多开提货数	由货主单位出具新的提货单，重新组织提货和发货
仓储过程中的损耗	考虑该损耗是否在合理的范围内，并与货主单位协商解决。合理范围内的损耗由货主单位承担损失，超过合理范围的损耗由仓储部门负责赔偿损失

当提货数量大于货品实际库存数量时，无论是何种原因造成的，都需要和仓库主管部门以及货主单位及时取得联系，然后再做处理。

四、串发货和错发货的处理

串发货和错发货是指发货人员不熟悉货品的品种和规格，或者由于工作中的疏漏，将错误规格、数量的货品发出库的情况。这种情况发生后，就会使一种货品库存数量少于账面数量，而另一种货品的库存数量多于账面数量。

如果货品尚未出库，应组织重新发货；如果货品已经出库，仓库管理员应根据库存实际情况，如实向主管部门或货主单位通报串发货或错发货的品名、规格、数量等情况，与用户单位协调解决问题。一般在无直接经济损失的情况下，由货主单位重新按实际发货数冲单解决。如果形成直接经济损失，应按赔偿损失单据冲转调整保管账。

五、包装破漏问题的处理

包装破漏是指在发货过程中，因货品外包装破散等情况引起的货品泄漏、裸露等问题。出现这种问题时，应该对其进行整理或更换包装后再出库，否则造成的损失由仓储部门承担。

六、记账出现问题的处理

漏记账是指在出库作业中，由于没有及时核销明细账而造成账面数量多于或少于实存数的现象。错记账是指在货品出库后核销明细账时没有按实际发货出库的货品名称、数量等登记，从而造成账实不相符的情况。

无论是漏记账还是错记账，一经发现，除及时向有关领导如实汇报情况外，还应根据原出库凭证查明原因，调整保管账，使之与实际库存保持一致。如果由于漏记账和错记账给货主单位、运输单位和仓储部门造成了损失，应给予赔偿，同时应追究相关人员的责任。

任务实施

一、核对出库通知单和提货单

为了确认问题，仓库管理员需要再次认真核对两个单据。

二、处理问题一

仓库管理员在核对出库凭证时发现提货单上编号为8的货品数量与出库单上8号货品的数量不符，立即与客户服务部联系进行数据核对，发现出库通知单与出库单内容相符，仓库管理员将此问题通知仓库主管，主管与北京F贸易公司进行货品数量确认。

北京F贸易公司接到ABC物流公司通知后，进行了核查，发现是由于本公司人员粗心造成提货单上货品数量的错误。因此，重新开出提货单交给ABC物流公司，ABC物流公司接到新的提货单后按照出库流程进行了相应的操作。

三、处理问题二

因该次提货超过提货期限，故按公司规定提货人需要到财务部门缴纳延期保管费用100元，缴费后办理出库作业。

技能训练

【训练内容】

北京ABC物流公司接到客户北京H公司的出库通知单（见表4—17），但在订单处理过程中发现九阳榨汁机出库数量为30台，而实际库存数只有28台。试妥善解决该问题。

表4—17　　出库通知单

出库单位：北京H公司　　出库日期：2017年12月31日

编号	货号	货品名称	型号	单位	数量	包装	备注
1	002123123	小熊多功能米酒酸奶机	SNJ-5311 1 000mL	台	20	箱	
2	002123256	九阳榨汁机	JYZ-E8	台	30	箱	
3	002123657	美的预约不锈钢豆浆机	DS12G31 1.2L	台	35	箱	

【训练要求】

1. 以3～5人为一个小组，讨论分析可能的原因，并确定解决问题的方案。
2. 按确定方案进行相应处理。

【训练评价】

出库异常情况处理操作技能评价表见表4—18。

表 4—18　出库异常情况处理操作技能评价表

姓名		评价结果				
评价项目与分值		评价标准	自我评价	小组评价	教师评价	总评
原因分析（50 分）		分析问题合理、全面				
问题处理（50 分）		根据问题原因制定的解决方案正确				

任务 3　出库作业综合实训

实训内容

北京 ABC 物流公司客户服务部收到客户北京欧乐科技有限公司的出库通知单，并据此制作了出库单，见表 4—19。

表 4—19　出库单

仓库名称：海星 1 号　　出库日期：2017 年 8 月 10 日

采购订单号		201708100007						
客户指令号		20170810007			订单来源	E-mail		
客户名称		北京欧乐科技有限公司			质量	正品		
出库方式		自提			出库类型	正常		
货号	货品编码	货品名称	单位		包装规格（mm）	申请数量	实发数量	备注
1	980600880	电炸锅	箱		480×320×200	28		

制单人：李××　　提货人：刘××　　仓库管理员：

待出库货品的具体信息见表 4—20。

表 4—20　出库货品信息

客户名称		北京欧乐科技有限公司		库房	海星 1 号	
货品名称	货品编码	托盘标签	储位存放数量	单位	包装规格（mm）	储区储位
电炸锅	980600880	8000000000087	28	箱	480×320×200	托盘货架区 A00105

要求：根据上述信息，完成出库作业任务。

实训准备

准备配有仓储管理系统的计算机、RFID手持终端设备、搬运设备、托盘，以及周转箱等存储设备等。

按每组3～5人分组。其中信息员1人，负责订单信息的录入；仓库管理员1人，负责出库理货、单据交接；搬运员1人，负责货品下架、搬运作业；提货员1人，负责核查并提取货品。

确定待出库货品信息，核对货品标签、储位标签是否清晰、可识别，对于破损的标签需要重新打印，粘贴在易于扫描的位置。

实训操作

一、处理出库订单

信息员接到客户的出库通知后，依次点击“订单管理”“订单录入”“出库订单”，分别对订单信息、订单出库信息及订单货品进行操作，如图4—4、图4—5、图4—6所示。

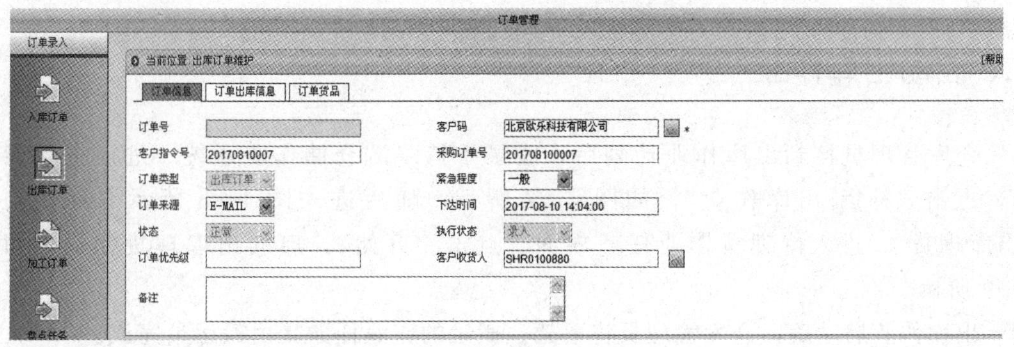

图4—4　订单信息

保存订单后返回到出库订单列表，勾选“生成作业计划”，打印出库单，并交给仓库管理员。

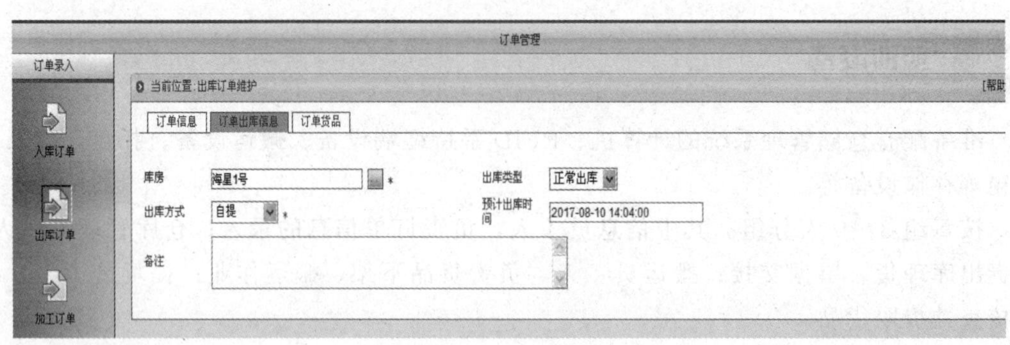

图 4—5　订单出库信息

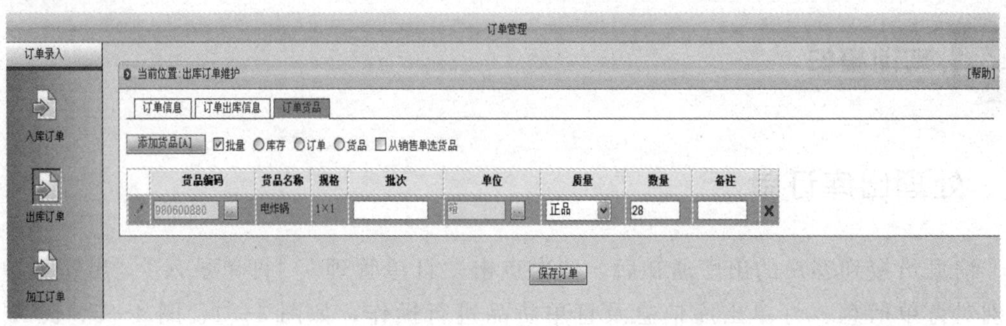

图 4—6　订单货品

二、启动出库作业

仓库管理员接到出库作业计划后，登录手持终端仓储作业系统，进入主功能界面，点击“补货/出库作业”，如图 4—7 所示。随后进入图 4—8 所示界面，点击“出库理货”，进入待理货作业任务界面。点击“开始”，启动出库理货作业，如图 4—9 所示。

出库作业启动后，仓库管理员将下架、搬运的作业任务交由搬运员完成。

三、下架操作

1. 读取下架信息

搬运员接到下架搬运的任务后，登录手持终端仓储作业系统，读取下架任务信息。

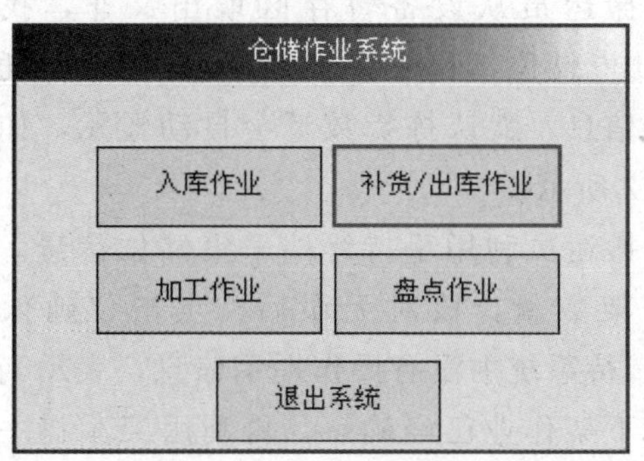

图 4—7　手持终端仓储作业系统主功能菜单

图 4—8　补库/出库作业功能界面

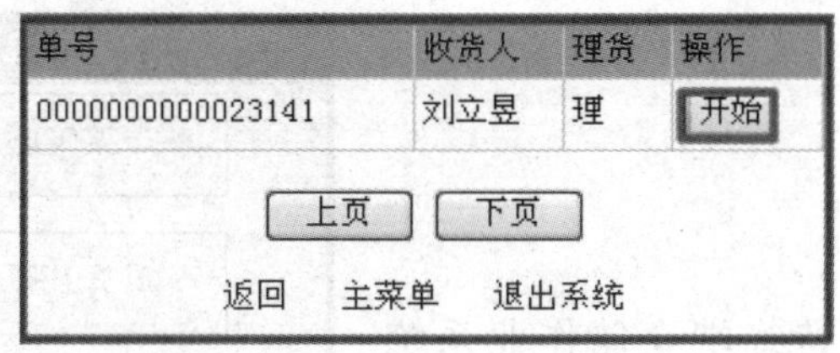

图 4—9　启动出库理货作业

搬运员在图 4—10 所示的界面中，点击"下架作业"，进入图 4—11 所示界面，系统中即显示待下架的货品名称、下架数量、存放储位和托盘标签等信息。

图 4—10　补货/出库作业功能界面

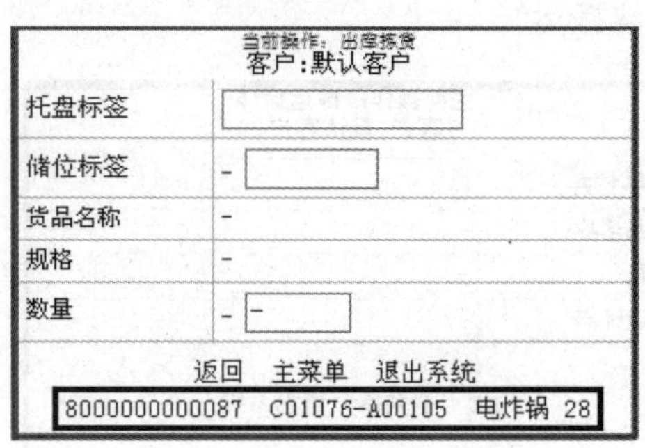

图 4—11　出库下架

当前操作：出库拣货
客户：默认客户

托盘标签	8000000000087
储位标签	C01076- A00105
货品名称	电炸锅
规格	1×1
数量	28 28 确认下架

返回 主菜单 退出系统
8000000000087 C01076-A00105 电炸锅 28

图 4—12 托盘扫描

2. 下架操作

搬运员从设备暂存区取出叉车，找到A00105储位，利用手持终端采集储位上托盘标签信息，默认拣货数量会自动显示，如图4—12所示。

搬运员利用手持终端采集储位信息，确认下架数量，核对无误后，点击“确认下架”。待系统中没有操作提示信息，表示当前出库下架作业已经确认，再利用叉车将一托盘货品即28箱电炸锅从手持终端提示的货位下架。下架完成后，使用叉车将货品搬运至托盘货架交接区，并将叉车放回设备暂存区。

四、搬运作业

1. 读取搬运信息

搬运员首先进入手持终端仓储作业系统主功能界面，再进入图4—13所示补货/出库作业功能界面，点击“搬运作业”，进入图4—14所示搬运操作界面。

搬运员利用手持终端采集托盘标签信息，系统自动提示待搬运货品名称、货品数量及目标地点等信息，如图4—15所示，点击“确认搬运”。

仓储作业系统

下架作业	搬运作业
补货上架	返库上架
小件分拣	出库理货
播种拣选	上输送线

返回上级

图 4—13 补货/出库作业功能界面

当前操作：搬运操作
客户：默认客户

托盘标签	
货品名称	-
数量	-
到达地点	-

返回 主菜单 退出系统
8000000000087 电炸锅

图 4—14 搬运操作

当前操作：搬运操作
客户：默认客户

托盘标签	8000000000087
货品名称	电炸锅
数量	28
到达地点	出库理货区
	确认搬运

返回 主菜单 退出系统
8000000000087 电炸锅

图 4—15 采集托盘标签信息并确认

2. 搬运操作

搬运员利用电动搬运车将一托盘电炸锅从托盘货架交接区搬运至出库理货区，搬运作业完成后将搬运车放回设备暂存区。

五、确认出库理货

仓库管理员登录手持终端仓储作业系统，进入主功能界面，点击“出库理货”，如图 4—16 所示。随后进入图 4—17 所示界面，点击“理”，进行出库理货清点，进入图 4—18 所示界面。点击待理货的托盘标签号，进入图 4—19 所示界面，核对无误后，点击“保存结果”，完成出库理货。

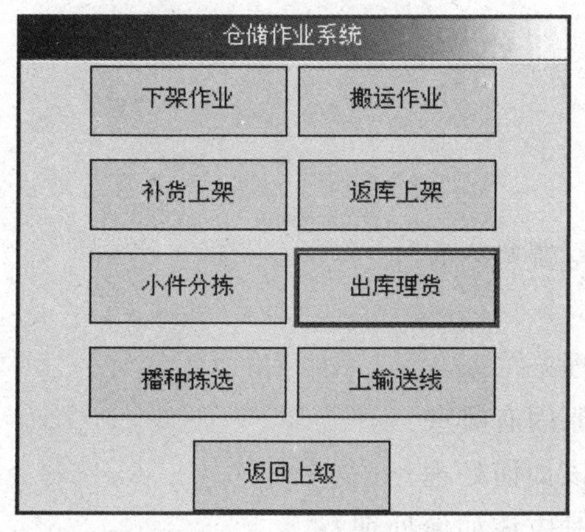

图 4—16　出库作业

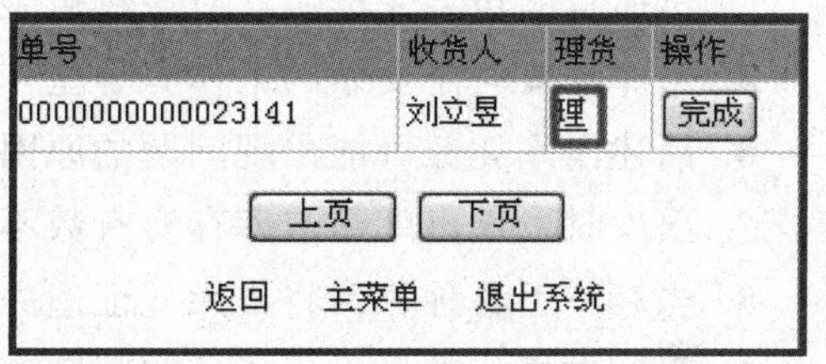

图 4—17　理货

当前操作：出库理货

货品名称	–
规格	–
批号	–
当前出量	总出量： 保存结果

本出库单已理货：0托盘

返回　主菜单　退出

8000000000087　电炸锅　28箱

图 4—18　出库理货

当前操作：出库理货

货品名称	电炸锅
规格	1×1
批号	–
当前出量	28　总出量：28　保存结果

本出库单已理货：0托盘

返回　主菜单　退出

8000000000087　电炸锅　28箱

图 4—19　理货确认

六、出库交接

提货员根据提货单核查货品，核对的主要内容有：货品名称、数量是否正确，外包装是否完好或者是否倒置。经核查，出库货品与提货单及出库单数量一致，均为正品。

货品核查完毕后，仓库管理员根据实际出库情况填写出库单实发数量并签上自己的名字，然后主动与提货员交接，要求提货员在出库单相应位置签字确认。同时，仓库管理员按照提货员的要求在提货单相应位置签字确认。

思考练习题

1. 出库作业的要求有哪些？
2. 简述货品出库的主要作业环节。
3. 绘制自提方式下出库单证的流转图。
4. 出库货品包装完毕后，应该在包装上填写哪些内容？
5. 出库复核时需要做的工作有哪些？
6. 简述出库凭证可能出现问题的原因及处理办法。
7. 出库时发现出库数与库存实有数不符的原因有哪些？
8. 当客户因各种原因将出库凭证遗失后应该如何处理？
9. 当客户提货数量大于货品实际库存数量时应该如何处理？
10. 由于货主单位漏记账而多开提货数时应该如何处理？
11. 出库过程中发现货品包装出现破漏但不影响货品质量时，应该如何处理？